Ocio para la inclusión

Critical
Studies of
LATINXS
in the
Americas

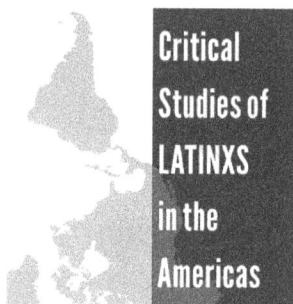

Yolanda Medina and Margarita Machado-Casas
Series Editors

Vol. 29

Ocio para la inclusión

Inspirando el cambio desde la transferencia social del conocimiento

Editado por Ángel De-Juanas Oliva y
Francisco Javier García-Castilla

PETER LANG

Lausanne • Berlin • Bruxelles • Chennai • New York • Oxford

Library of Congress Cataloging-in-Publication Data

Names: De-Juanas Oliva, Ángel, editor. | García-Castilla, Francisco Javier, editor.
Title: Ocio para la inclusión : inspirando el cambio desde la
transferencia social del conocimiento / edited by Ángel De-Juanas
Oliva, Francisco Javier García-Castilla.
Description: First edition. | New York : Peter Lang, [2023] | Series:
Critical studies of Latinxs in the Americas, 2372-6822 ; volume 29 |
Includes bibliographical references.
Identifiers: LCCN 2023033526 (print) | LCCN 2023033527 (ebook) |
ISBN 9781636675169 (paperback : alk. paper) | ISBN 9781636676036 (pdf) |
ISBN 9781636676043 (epub)
Subjects: LCSH: Leisure—Sociological aspects. | Recreation—Sociological
aspects. | Sports—Sociological aspects. | Social integration. | People
with disabilities—Recreation. | People with social
disabilities—Recreation.
Classification: LCC GV14.45 .O355 2023 (print) | LCC GV14.45 (ebook) |
DDC 306.4/812—dc23/eng/20230828
LC record available at https://lccn.loc.gov/2023033526
LC ebook record available at https://lccn.loc.gov/2023033527
DOI 10.3726/b21124

Bibliographic information published by the **Deutsche Nationalbibliothek.**
The German National Library lists this publication in the German
National Bibliography; detailed bibliographic data is available
on the Internet at http://dnb.d-nb.de.

Cover design by Peter Lang Group AG

ISSN 2372-6822 (print)
ISBN 9781636675169 (paperback)
ISBN 9781636676036 (ebook)
ISBN 9781636676043 (epub)
DOI 10.3726/b21124

© 2023 Peter Lang Group AG, Lausanne
Published by Peter Lang Publishing Inc., New York, USA
info@peterlang.com – www.peterlang.com

This publication has been peer reviewed.

ÍNDICE

PRESENTACIÓN

Vivimos en sociedades que están inmersas en una constante transformación donde los cambios se producen a un ritmo acelerado. Prueba de ello son el cambio climático, el desarrollo tecnológico o la COVID-19. Esta pandemia que nadie esperaba ha modificado las formas de relacionarse, de instruirse en los contenidos escolares mediante la tecnología, los modos de consumir y, en general, nos ha conferido una nueva perspectiva sobre el significado de la vida y de las dimensiones que la dotan de sentido. En este contexto, las tradiciones han perdido cierto protagonismo por su falta de atractivo y utilidad a la hora de dar una respuesta, con cierta premura, a las necesidades sociales. A ello se refería Bauman al señalar que nos encontramos ante "una cultura moderna líquida que ya no se concibe a sí misma como una cultura de aprendizaje por acumulación, ahora parece, más bien, una cultura de desvinculación, discontinuidad y olvido" (2005, p. 83).

En esta situación global en la que nos encontramos, cada vez tiene más importancia el bienestar de las personas y las dimensiones que lo configuran para construir la felicidad y determinar las metas de autorrealización. Al respecto, una de las dimensiones que otorga un estado de felicidad, y que forma parte del proyecto de vida de cada persona, es la práctica de ocio. El ocio puede representarse de muchas maneras como puede ser a través de actividades deportivas, la lectura, la fotografía, la música, las visitas culturales, las actividades turísticas, o simplemente en momentos de esparcimiento compartidos con otros. Por tanto, consideramos que el ocio, al ser un elemento de bienestar, se constituye como un derecho fundamental que debe estar al alcance de toda persona y, en consecuencia, debe ser inclusivo, siendo además un indicador subjetivo de desarrollo humano (Sanz et al., 2019). Un derecho que, en el caso de los colectivos con menos recursos y oportunidades, tiene que ser garantizado desde las diferentes políticas, instituciones y profesionales que trabajan por y para la promoción de la inclusión social. Por ello, es preciso arrojar luz sobre esta temática poniendo especial énfasis en la presentación de prácticas de éxito preventivas, a la vez que constructivas y significativas, que permitan una socialización con mayores garantías que no dependa tanto de la capacidad de acceso a las actividades de ocio de unos y de otros. Se trata, por ejemplo, de promocionar aspectos de la propia condición juvenil entre las que se encuentran la dinamización, participación y promoción del ocio educativo, entre otros.

Además, el ocio debe ser valioso por cuanto tiene que arraigarse en valores positivos para la ciudadanía. Cuenca (2014) dota de carga simbólica al ocio añadiéndole el término valioso, y ampliando aún más su significado entre las personas y las comunidades. Argumenta que el ocio valioso es la evolución positiva y científica del ocio humanista. Desde esta perspectiva científica, y de forma hilada al contexto actual en el que se desarrollan nuestras sociedades, se presentan diferentes capítulos que narran un ocio pensado en términos de inclusión. A su vez, esta obra tiene como objetivo proyectar e inspirar a representantes institucionales y de entidades sociales, profesionales, investigadores y estudiantes de diferentes disciplinas y áreas de intervención socioeducativa a producir y adaptar espacios de ocio valioso para que esos cambios se realicen desde el rigor de la innovación que implica la transferencia social del conocimiento.

El ocio inclusivo se ha de dar en todos y cada uno de esos nuevos escenarios contextualizados por la globalización y el avance de la tecnología. A su vez, esto supone asumir el compromiso de formarse en materia de ocio por parte de los profesionales, de las instituciones e incluso desde el mercado o la industria del ocio. De tal manera, surgen diferentes retos a la hora de gestionar los tiempos; a saber: incremento de personas con diversidad funcional; la globalización; debilitamiento de la red primaria de atención junto con el creciente individualismo social; las migraciones; la evolución de la tecnología dentro de la sociedad de la información y del conocimiento; las crisis económicas que producen desempleo, falta de oportunidades, trabajos precarios, que inciden de forma directa en la práctica del ocio y en la gestión del tiempo libre en los jóvenes; etc. Asimismo, en los últimos tiempos, están tomando impulso ciertas actividades de ocio no saludables que son practicadas por parte de jóvenes que ven en ellas espacios de recreo en los que promover la invulnerabilidad de grupo, o bien a alcanzar cotas de inhibición por la influencia de los iguales (García-Castilla, 2014). En parte, estas actividades no saludables vinculadas al consumo de alcohol y drogas devienen en destrozos de mobiliario urbano, agresiones o peleas, ruidos para los conciudadanos, basura generada en el entorno, etc. Estos episodios que han obtenido un relativo protagonismo en los jóvenes a causa de las redes sociales, pueden deberse a los siguientes motivos: 1) falta de referentes en la gestión del tiempo; 2) aceptación del consumo de drogas y alcohol en la sociedad; 3) falta de alternativas saludables en la industria del ocio; 4) falta de alternativas atractivas por parte de las instituciones públicas; 5) falta de interacción con otros iguales en los mismos espacios y tiempos por causa de la pandemia, y 6) ausencia de oportunidades para la realización de proyectos de vida que debe ofrecer la sociedad, bien sea laborales o educativos, y que provoca frustración. Estos elementos deberían tenerse en cuenta para generar estrategias de ocio que favorezcan la inclusión social mediante el aprendizaje de la gestión del tiempo y la aplicabilidad de resultados en un claro proceso de transferencia social de las investigaciones relacionadas con la práctica de actividades de ocio valioso.

Frente a esta realidad, no hay que olvidar que, desde marzo de 2020, tras la declaración del estado de pandemia por parte de la Organización Mundial de la Salud, debido al aumento internacional de casos de COVID-19, las alternativas de ocio que implicaron el contacto humano se vieron reducidas y se potenciaron aquellas que permitieron el contacto virtual, desde la distancia, mediante tecnologías digitales como son el caso de los juegos en línea o aquellas derivadas de las redes sociales. El aumento de estas alternativas de ocio junto con el incremento del aislamiento social está empezando a mostrar su impacto en la salud mental de los jóvenes (Lian, Ren, Cao et al., 2020) y dejará también una huella importante en salud física, especialmente, entre aquellos más vulnerables (Galea, Merchant & Lurie, 2020; Ornell, Schuch, Sordi & Kessler, 2020); si bien, recientemente, gracias al avance de la vacunación, el ocio ha vuelto a emerger progresivamente con el regreso a los teatros, cines, espectáculos, conciertos, salidas turísticas, etc.

Con todo, la comunidad científica está tratando de asumir su responsabilidad y pretende, en cumplimiento de los Objetivos de Desarrollo Sostenible para la Agenda 2030, proteger a los ciudadanos a medio y largo plazo de sus entornos y potenciar actividades de ocio valioso que sean saludables y respetuosas con el medio ambiente. Para ello, es preciso potenciar el cambio desde la investigación social a la transferencia de los hallazgos científicos. Al respecto, surge esta obra que, tras dos años de trabajo, ve la luz con seis capítulos que suponen contribuciones únicas sobre el ocio para la inclusión social.

El primero de los capítulos se titula *Ocio intergeneracional en clave de inclusión*, y está escrito por María Ángeles Valdemoros San Emeterio, Ana Ponce de León Elizondo, Rosa Ana Alonso Ruiz, Magdalena Sáenz de Jubera Ocón y Eva Sanz Arazuri. Todas ellas, investigadoras del Grupo de investigación DESAFÍO de la Universidad de La Rioja (Logroño, España). Estas autoras abordan el ocio inclusivo desde la necesidad de compartir espacios y tiempos entre personas de diferentes edades y distinta condición social, cultural o económica. Su propuesta se orienta a impulsar el bienestar personal, social y comunitario con el fin de garantizar recursos y oportunidades para la participación ciudadana plena que dé paso a dinámicas de convivencia, cooperación, interacción, intercambio y diálogo intergeneracional, desde una relación igualitaria, tolerante y respetuosa.

El segundo capítulo elaborado por los profesores Joseba Doistua, Idurre Lazcano y Aurora Madariaga, del Instituto de Estudios del Ocio y la Facultad de Ciencias Sociales e Historia de la Universidad de Deusto (Bilbao, España), se titula *Estrategia de promoción de la inclusión en ocio para la juventud con discapacidad*. Este trabajo es el resultado de una investigación sobre el ocio de la juventud con discapacidad realizada en el norte de España (Doistua, Lazcano y Madariaga, 2020). Los hallazgos de este capítulo se centran en la consideración del ocio como ámbito vital de las personas con discapacidad y, por tanto, en su derecho al ocio y la participación que implica tener vivencias, acceder a una oferta accesible e inclusiva y tener oportunidades. Asimismo, los autores analizan la realidad para establecer las líneas básicas que permiten el diseño de una estrategia que aplica el principio de inclusión a la intervención en ocio con la juventud con discapacidad.

El tercer capítulo se titula *Ocio inclusivo para los jóvenes en dificultad social* y está escrito por los profesores Ángel De-Juanas Oliva, Francisco Javier García-Castilla, Pilar Rodrigo y María Victoria Pérez de Guzmán pertenecientes a la Universidad Nacional de Educación a Distancia, la Universidad Autónoma de Madrid y la Universidad Pablo de Olavide. En esta contribución los autores realizan una revisión sobre la investigación relacionada con el tiempo de ocio en la construcción de la identidad de los jóvenes en dificultad social y su proyecto existencial. Se señalan los principales beneficios asociados a las prácticas de ocio inclusivo de calidad en esta población; se destacan diferentes claves para la intervención socioeducativa desde las manifestaciones de ocio y se presentan aspectos esenciales para la gestión, aprovechamiento y evaluación del ocio de este colectivo.

El cuarto capítulo a cargo de los profesores Nuria Codina, Rafael Valenzuela y José Vicente Pestana, todos ellos del Grupo PsicoTemps+: Unidad de Estudio Psicosocial de Usos del Tiempo de la Universidad de Barcelona, se titula *Gestionar el tiempo de ocio siendo quienes somos. Implícitos de buenas prácticas para hacer frente a la exclusión.* En este trabajo se realiza una propuesta en relación con el ocio y la identidad —procrastinación, actividad física-deportiva, autoexpresión y autonomía—. Asimismo, se pone énfasis en la implantación de buenas prácticas y en la realización de un análisis integral del conjunto del ocio y la identidad. En términos de investigaciones futuras, cada uno de los elementos esenciales que los autores abordan puede transformarse en sendas líneas de intervención psicosocial y educativa para el fomento del bienestar de las personas.

El quinto capítulo lleva por título *Del deporte al ocio activo: hacia un enfoque comunitario e inclusivo.* Está escrito por Raúl Fraguela-Vale, Miriam Carretero-García y Lara Varela-Garrote, de la Universidad de A Coruña. Estos investigadores abordan las actividades físico-deportivas como un ocio que genera efectos beneficiosos sobre la salud y ayuda a compensar los ritmos de vida cada vez más sedentarios de las sociedades posmodernas. Sin embargo, existe una gran desigualdad en el acceso al ocio activo, ya sea por motivos de carácter económico, social o cultural. Los autores ponen de relieve que los problemas asociados a la falta de actividad física afectan especialmente a las poblaciones más desfavorecidas (personas en riesgo de exclusión social, con discapacidad, poblaciones rurales o minorías, entre otros). Estos colectivos no solo encuentran mayores barreras en el acceso a los programas de ocio activo, sino que estas dificultades generan problemas de salud asociados a la falta de actividad física como el sedentarismo, la obesidad y otras enfermedades, que surgen en edades cada vez más tempranas.

Finalmente, cierra el libro, el último capítulo que tiene por título *Ocio y ocupación del tiempo libre en prisión. Los instrumentos socioeducativos para la inclusión social,* escrito por Diego Galán-Casado, Mar García-Vita, Fanny T. Añaños y Jorge Díaz-Esterri de la Universidad Nacional de Educación a Distancia, la Universidad de Almería y la Universidad de Granada. Estos autores presentan un trabajo sobre el ocio inclusivo del que pocos se ocupan, como es el que ocurre en la población reclusa. Esta contribución invita a reflexionar sobre las oportunidades de ocio de aquellas personas que se encuentran en situación de privación de libertad. La particularidad de la vida en prisión supone en sí una referencia importante para la comprensión de los procesos que se producen al ser un espacio que moldea las actividades y rutinas que se desarrollan en su interior. Lo que también implica entender el ocio y el tiempo libre de una forma distinta y ajustada a los requerimientos de un contexto donde la vida diaria está fuertemente estructurada y burocratizada. Los autores inciden en la necesidad de planificar el tiempo de ocio como recurso para la intervención socioeducativa gradual, etápica y evolutiva que contribuya a una incorporación efectiva de los reclusos en la sociedad.

Los coordinadores del libro, al presentar este trabajo conjunto sobre *Ocio para la inclusión: inspirando el cambio desde la transferencia social del conocimiento*, hemos querido compilar una serie de trabajos basados en investigaciones y experiencias realizadas en los últimos años y por diferentes equipos humanos que se dedican a los temas de ocio. Todo ello, con el interés de contribuir a potenciar alternativas de ocio valioso e inclusivo en el que la participación sea una vía de aprendizaje dentro del proceso de socialización a lo largo de la vida. Por ello, en el desarrollo de los capítulos encontramos como denominador común que el ocio se entienda como un elemento de acción socioeducativa que puede contribuir a la transformación de la realidad social de las personas con mayores dificultades y, a su vez, generar valor social.

Ángel De-Juanas Oliva y Francisco Javier García-Castilla

Referencias

Cuenca, M. (2014). *Ocio valioso*. Universidad de Deusto.

Doistua, J., Lazcano, I. & Madariaga, A. (2020). Self-Managed Leisure, Satisfaction, and Benefits Perceived by Disabled Youth in Northern Spain. *Frontiers in Psychology, 11*(716), 1–10. https://doi.org/10.3389/fpsyg.2020.00716

Galea, S., Merchant, R. M. & Lurie, N. (2020). The mental health consequences of COVID-19 and physical distancing. *Journal of the American Medical Association 180*, 817–818. http://dx.doi.org/10.1002/da.20838

García-Castilla, F. J. (2014). El botellón: Consecuencias, riesgos y aceptación social de un espacio de ocio en adolescentes y jóvenes. *Revista Sistema, 235*, 81–98.

Liang, L., Ren, H., Cao, R. Hu, Y., Qin, Z. Li, C. & Mei, S. (2020). The Effect of COVID-19 on Youth Mental Health. *Psychiatric Quarterly, 91*, 841–852. https://doi.org/10.1007/s11126-020-09744-3

Ornell, F., Schuch, J. B., Sordi, A. O., & Kessler, F. H. P. (2020). "Pandemic fear" and COVID-19: Mental health burden and strategies. *Revista brasileira de psiquiatria 42*, 232–235. http://dx.doi.org/10.1590/1516-4446-2020-0008.

Sanz, E., Duque, C., Valdemoros, A. y García-Castilla, F. J. (2019). Ocio cultural juvenil, indicador subjetivo del desarrollo humano. *Caurensia, XIV*, 491–511. https://doi.org/10.17398/2340-4256.14.491

OCIO INTERGENERACIONAL EN CLAVE DE INCLUSIÓN

María Ángeles Valdemoros San Emeterio

Ana Ponce de León Elizondo

Rosa Ana Alonso Ruiz

Magdalena Sáenz de Jubera Ocón

Eva Sanz Arazuri

Universidad de La Rioja

Una sociedad cada día más longeva, con el consiguiente crecimiento demográfico de personas mayores, demanda el aprovechamiento del potencial de sus conocimientos, experiencias y valores, lo que derivaría en un incremento de su autoestima al percibirse con un rol más activo, práctico y efectivo (Gibson, 2011).

La literatura científica apuesta por los encuentros intergeneracionales como estrategia para la inclusión social, dado que posibilita y enriquece la convivencia entre personas de distintas edades, más aún si están viviendo en situación de desventaja social, vulnerabilidad, discriminación o inequidad, y contribuye a dar respuesta a sus necesidades y demandas, lo que viabiliza la construcción de sociedades más inclusivas e igualitarias (Moral, 2017).

Cuando estos encuentros se producen en el marco del ocio, se favorece la corresponsabilidad en el intercambio entre las generaciones implicadas, y se avanza en la construcción de sociedades más cohesionadas y solidarias, minimizándose las brechas generacionales (Flores, Ortega y Vallejo, 2019). Este ocio compartido entre personas de diferentes edades y distinta condición social, cultural o económica, se orienta a la conquista de un bienestar personal, social y comunitario que garantice recursos y oportunidades para la participación comunitaria plena e impulse dinámicas de convivencia, cooperación,

interacción, intercambio y diálogo intergeneracional, desde una relación iguali-
taria, tolerante y respetuosa (Sánchez, Kaplan y Sáez, 2010; Teater, 2016; Villas-
Boas, Lima Oliveira, Ramos y Montero, 2016; Von Humboltd, Monteiro &
Leal, 2018).

Este capítulo ofrece una reflexión, desde un paradigma inclusivo, sobre las
oportunidades que ofrece el ocio intergeneracional para el bienestar integral
de todas las personas implicadas y, por ende, del conjunto de la comunidad,
recogiendo acciones organizadas en planes nacionales, regionales o locales que
garanticen un compromiso compartido de responsabilidad social entre distintas
generaciones, y les proporcione conocimientos, habilidades, actitudes y valores,
lo que contribuye tanto a una mejora de la calidad de vida de los individuos
como al desarrollo de un país.

1. Ocio intergeneracional, ¿nuevo desafío para la inclusión de personas mayores y menores?

El ocio, entendido como derecho y fuente de desarrollo personal y social, es un
valor en sí mismo y enriquece la calidad de vida a través de vivencias deseadas,
atractivas, satisfactorias, libres, voluntarias y autónomas (Arístegui y Silvestre,
2012; Caride, 2012; Clerton de Oliveira, Francileudo & Ibiapina, 2014; Cuenca,
2009, 2013, 2014a; Cuenca y Goytia, 2012; Lazcano y Caballo, 2016; Roult,
Royer, Auger & Adjizian, 2016).

De ello se desprende que el ocio se vincula al tiempo y la actividad, pero,
sobre todo, a la vivencia subjetiva experimentada (Fantova, 2004), pues si bien
es necesario disponer de una cantidad de tiempo tras hacer frente a las obligaciones o a satisfacer necesidades básicas, esta posesión temporal no implica
necesariamente disfrutar del ocio. Para ello es preciso que las experiencias se
acompañen de recreación y beneficien al ámbito físico, intelectual, social, artís-
tico o espiritual del individuo (Sanz, Valdemoros, Ponce de León, Alonso y
Sáenz de Jubera, 2020). La libertad de elección, la creatividad y el disfrute son
cualidades del ocio con potencial para incrementar la felicidad y la satisfacción
vital (World Leisure and Recreation Association, 1993).

En la sociedad actual, cambiante y dinámica, caracterizada por la inme-
diatez y la instantaneidad, el ocio se erige en un valor prioritario y revelador
en la vida de las personas, resultando esencial experimentar un ocio significativo y valioso mediante vivencias deseadas que, a lo largo del tiempo, se han

transformado y ajustado a aspectos inherentes de la sociedad de hoy, tales como la tecnología, la globalización, el contexto laboral o los patrones de consumo, para cultivar el bienestar y la calidad de vida personal y comunitaria (Cuenca y San Salvador, 2016; Ming-Ching, Jen-Son & Shu-Wen, 2012; Montero & Bedmar, 2010).

En concreto, el ocio despliega innumerables beneficios percibidos en la salud física, psicológica y social del individuo y de la ciudadanía a lo largo de la vida; la experimentación del ocio favorece el desarrollo de la personalidad, la construcción de la propia identidad, y el desarrollo de la autoestima y el autocontrol. Por su íntima conexión con los valores, sentimientos y emociones y, gracias al intercambio de ideas, pensamientos o conocimientos contribuye, asimismo, a la adquisición de aprendizajes, destrezas y habilidades, y al establecimiento de relaciones e interacciones afectivas y sociales (Cuenca, 2014b; Monteagudo, 2004; Tinsley, 2004).

El ocio puede convertirse en una herramienta inclusiva de primer orden, e incluso, permite constituirse como un detonante innovador y potenciador de procesos de transformación social (Carlier, 2011). La inclusión, igual que el ocio, se erige en derecho irrenunciable que puede implementarse en diversos espacios y contextos, en condiciones de igualdad de oportunidades, que den sentido de pertenencia a diversos grupos de la sociedad.

En el ocio inclusivo se construyen relaciones comprometidas con otras personas que difieren en edad, sexo, capacidad, estatus socioeconómico, raza, religión, patrimonio étnico, orientación, nivel educativo, idioma o afiliación política (Fantova, 2004). En dichas interacciones no importa la condición social, cultural o económica, sino que lo relevante subyace en disponer de oportunidades y recursos necesarios para posibilitar y fomentar la convivencia, el intercambio y la participación plena en actividades comunitarias inclusivas.

La sociedad del siglo XXI reclama experiencias de ocio inclusivas que constituyan una fuente de sentido vital, que amparen las necesidades y demandas de diferentes colectivos con el interés de lograr un crecimiento personal y un desarrollo social orientado a ampliar potencialidades y a vivir, en igualdad de derechos y oportunidades, experiencias de ocio satisfactorias (Ryu & Heo, 2018). En esta línea, el disfrute de estas vivencias contribuye a la cohesión social y fortalece el entramado de relaciones interactivas que defiendan el sentido de pertenencia, así como la satisfacción de necesidades de desarrollo personal y comunitario hacia la búsqueda del bienestar (Arriba González de Durana, 2014; Flores y Vallejo, 2019; García-Moya, Moreno, Rivera, Ramos y Jiménez, 2012).

El crecimiento demográfico de personas mayores es una tendencia en las últimas décadas, que conduce a una sociedad más longeva, lo que demanda el aprovechamiento de sus conocimientos, experiencias y valores; aspectos que, a su vez, derivan en un incremento de la autoestima de este colectivo al percibirse con un rol más activo, práctico y efectivo, viabilizando, por ende, el envejecimiento activo, exitoso y satisfactorio (Adams, Leibbrandt & Moon, 2011; Gibson, 2011; Izal, Bellot & Montorio, 2018; Meil, 2006; Monteagudo, 2020), entendido como "proceso de optimización de las oportunidades de salud, participación y seguridad con el fin de mejorar la calidad de vida a medida que las personas envejecen" (Organización Mundial de la Salud, 2002, p. 79).

Los encuentros intergeneracionales forman parte de las experiencias de ocio inclusivo. Colectivos de adultos, mayores, jóvenes y niños constituyen grupos integradores que refuerzan valores humanos y comunitarios. Los intercambios entre diferentes generaciones favorecen la socialización de unos y la resocialización de otros, en cuyo seno se fomentan valores cívicos que se constituyen en un modelo futuro de intervención social.

Las experiencias de ocio intergeneracional favorecen la participación de distintos agentes en diferentes espacios, favorecen el intercambio y las habilidades prosociales, lo que repercute en la construcción de una ciudadanía más activa y corresponsable, que conlleva a una solidaridad intergeneracional y viabiliza la construcción de sociedades más inclusivas e igualitarias (Flores, Ortega y Vallejo, 2019; Moral Jiménez, 2017).

La hoja de ruta presentada por la Agenda 2030 para el Desarrollo Sostenible, aprobada en septiembre de 2015 por la Asamblea General de las Naciones Unidas, establece un compromiso universal y una visión transformadora, a largo plazo, hacia la sostenibilidad y la inclusión económica, social y ambiental, por lo que se establece en un referente actual para el ocio intergeneracional e inclusivo.

Este plan de acción está constituido por un conjunto de 17 Objetivos de Desarrollo Sostenible y 169 metas que persiguen la igualdad entre las personas, la protección y la garantía de la prosperidad, en aras de alcanzar un futuro sostenible para todos. En concreto, en el tema que nos ocupa, el ocio intergeneracional inclusivo, se ve reflejado en los siguientes objetivos y metas de desarrollo sostenible (Asamblea General de las Naciones Unidas, 2015; Gobierno de España, 2018):

- Objetivo 4. Garantizar una educación inclusiva, equitativa y de calidad, y promover oportunidades de aprendizaje durante toda la vida para todos.

- Meta 4.A. Mejora de instalaciones educativas inclusivas y seguras. Construir y mejorar las instalaciones escolares que respondan a las necesidades de los niños y las personas con discapacidad y las diferencias de género, y que ofrezcan entornos de aprendizaje seguros, no violentos, inclusivos y eficaces para todos.
– Objetivo 10. Reducción de las desigualdades.
  - Meta 10.2. Promoción de la inclusión social, económica y política. Potenciar y promover la inclusión social, económica y política de todos, independientemente de su edad, sexo, discapacidad, raza, origen étnico, origen, religión o condición económica o de otro tipo.
– Objetivo 16. Promover sociedades pacíficas e inclusivas para el desarrollo sostenible, facilitar el acceso a la justicia para todos y construir a todos los niveles instituciones eficaces e inclusivas que rindan cuentas.
  - Meta 16.7. Garantizar la adopción en todos los niveles de decisiones inclusivas, participativas y representativas que respondan a las necesidades.

En el marco de esta Agenda, como herramienta para la creación de sociedades inclusivas, resulta interesante la promoción de vínculos intergeneracionales, basados en la confianza y en el respeto para fortalecer relaciones significativas familiares, amistosas, comunitarias y sociales que afiancen estas interacciones como estrategia de inclusión social.

Además, el planteamiento intergeneracional permite romper con ciertos estereotipos relacionados con la vejez, y posibilita mayor conocimiento y cooperación entre generaciones. Estas bondades requieren, como ya esbozaba la Agenda 2030, que se generen más espacios, entornos y oportunidades de ocio inclusivo intergeneracional en los que confluyan dinámicas de convivencia, cooperación, interacción, intercambio y diálogo intergeneracional, desde una relación igualitaria, tolerante y respetuosa para construir una sociedad más cohesionada, cooperativa, solidaria y democrática, sin brechas generacionales, que tenga el propósito de contribuir al estado de bienestar (Flores y Vallejo, 2019; Jörgensdóttir, 2019; Sánchez, Kaplan y Sáez, 2010; Villas-Boas; Lima Oliveira, Ramos y Montero, 2016; Von Humboldt, Monteiro y Leal, 2018).

Estudios previos han demostrado la eficacia del ocio intergeneracional como herramienta inclusiva que optimiza tanto la salud de los participantes como la relación con la comunidad. En concreto, en los más jóvenes, se constata mejora del comportamiento y el aprendizaje; en los mayores, se minimizan situaciones de soledad y aislamiento, y se mejora la salud física (Jarrott & Smith, 2010).

El desafío reside tanto en crear contextos y ampliar oportunidades de ocio inclusivas intergeneracionales e introducir cambios en el entorno para fomentar estas interacciones, como en que los profesionales, encargados de promover estas iniciativas, estén sensibilizados hacia la inclusión, favorezcan encuentros en los que el ocio sea un valor transcendental y sean conocedores de los beneficios que las relaciones intergeneracionales proporcionan (Bosse & Westermann, 2016), para lo que urge el diseño de programas inclusivos intergeneracionales, que exige de responsabilidad política y compromiso de los diferentes actores sociales (Sánchez Martínez, Kaplan y Sáez, 2010).

2. Ocio inclusivo entre abuelos-nietos

El aumento del empleo de la mujer, el incremento de las familias monoparentales y los factores de estrés económico han contribuido a una, cada vez mayor, inclusión de los abuelos en las relaciones familiares, erigiéndose en un puntal de suma importancia en el cuidado de los más pequeños (Shorey & Ng, 2020). La investigación recientemente publicada por Airei, Lain, Jandric & Loretto (2020) destaca que más de la mitad de los abuelos brindan ayuda en el cuidado de sus nietos dedicando una media de 10 horas semanales a esta tarea familiar.

Estas interacciones entre generaciones de una misma familia influyen positivamente en el desarrollo y bienestar de abuelos y nietos (Martínez-González y Pérez-Herrero, 2004; Badenes y López, 2011), construyéndose relaciones muy especiales que estimulan en gran medida y generan un sentido fuerte de identidad, propósito y bienestar (Moffatt, Tse Laurence & Pennington, 2019). Los vínculos entre abuelos y nietos, y las vivencias compartidas entre ellos, constituyen el mejor escenario para conocer, comprender, respetar y valorar las capacidades diferentes, así como para descubrir los desafíos y las oportunidades que ofrece compartir experiencias con diferentes generaciones. Estas relaciones intergeneracionales son, en sí mismas, experiencias de gran valor inclusivo.

Los compromisos que adquieren las personas mayores en el cuidado y crianza de los hijos de sus hijos los lleva a involucrarse y responsabilizarse, cada vez más, en las distintas actividades de la vida de sus nietos: llevar y recoger a los nietos del colegio y de las actividades extraescolares, acompañarlos a revisiones médicas, darles de comer y merendar, apoyarlos para que hagan los deberes, llevarlos al parque, entretenerlos, etc. Esta contribución eficaz en la organización familiar, educativa, sanitaria y social de los más pequeños contribuye a una inclusión de los mayores en las distintas esferas sociales, siendo considerados agentes activos clave del desarrollo de los más pequeños (Badenes y López, 2011).

El cuidado regular de los nietos aumenta la probabilidad de participar en actividades sociales con personas de distintas generaciones. Las propias tareas de cuidado de los más pequeños los incluye socialmente en espacios y tiempos de relación con otros abuelos, con padres y con niños pequeños, ampliando su abanico de relaciones sociales y sus posibilidades de realización personal. Así ocurre, por ejemplo, al asistir al centro educativo a llevar o recoger a los pequeños, al acercar a sus nietos a parques infantiles o al asistir a los espectáculos deportivos en los que participan la generación más joven de sus familias.

El ocio es otro de los ámbitos en los que los abuelos apoyan, acompañan y estimulan a sus nietos, si bien este apoyo puede influir negativamente en el ocio propio de los adultos mayores con otras personas de su generación. Para los abuelos que brindan cuidado infantil diario se observa una menor participación en actividades de ocio con personas de su edad, así como una menor prevalencia de participación en cada tipo de actividad (Arpino & Bordone, 2017). A menudo, sienten que tienen que sacrificar su vida social o renegociar sus amistades para priorizar las necesidades de sus nietos, sin dejar tiempo para ellos mismos y poniendo en peligro su bienestar personal (Shorey & Ng 2020) y su satisfacción con la vida.

Estudios como el de Hatcher, Voigts, Culp-Roche, Adegboyega & Scott (2018) han revelado que las personas que asumen tareas de cuidados de sus nietos manifiestan que les gustaría que se ofrecieran programas de ocio compartido entre ambas generaciones. Los abuelos demandan ser incluidos en un ocio compartido con sus nietos.

Convertir las experiencias de ocio compartidas entre abuelos y nietos en un verdadero ocio inclusivo requiere la responsabilidad de impulsar programas encaminados a satisfacer las necesidades de desarrollo personal tanto de nietos como de abuelos. La inclusión de los abuelos en un ocio intergeneracional auténtico no se alcanza con la mera presencia, no es suficiente con que las personas mayores acompañen y estén presentes en la actividad de ocio; además, se deben dar las condiciones oportunas para garantizar que los abuelos puedan realmente participar de la experiencia de ocio, pero no solo apoyando a sus nietos. Se hace imprescindible que se identifiquen y se impulsen los estímulos que favorezcan el desarrollo de potencialidades no solo en los niños, sino, también, en los abuelos.

En los programas de ocio inclusivo intergeneracional hemos de empeñarnos en que tanto abuelos como nietos sean beneficiarios directos de las relaciones entre generaciones. Los nietos deben ser estimulados para desarrollar una actitud activa hacia los abuelos. Los abuelos deben traspasar la figura de cuidador para convertirse en compañero de juegos, amigo y coaprendiz de sus nietos. Los abuelos pueden, deben, conseguir que esas redes abuelos-nietos sean mucho más enriquecedoras, consiguiendo exprimirlas al máximo en una doble dirección, satisfaciendo al máximo las capacidades de desarrollo del nieto, pero también las suyas propias.

Las experiencias compartidas entre abuelos y nietos aportan una unión emocional positiva que permite capacitar a ambas generaciones a salir de la zona de confort, a tomar "riesgos" que por sí solos no nos hubiéramos atrevido a enfrentar, a vivenciar la aventura creativa que aporta la vida. Estas vivencias, con plena implicación por parte de los abuelos, ensalzan y engrandecen la calidad de vida no solo para los abuelos, sino también para los nietos. Si existe inclusión de los abuelos en el ocio intergeneracional compartido con nietos, no solo aportan, sino que además tienen mucho que recibir.

Estas experiencias de ocio inclusivo intergeneracional se pueden ver enriquecidas cuando entran en juego otros factores como la diversidad cultural, afectivo-sexual o religiosa o la discapacidad. Estudios científicos, como el de Woodbridge, Buys & Miller (2011), constatan que la presencia de una persona con discapacidad en la familia influye en las relaciones familiares y en los roles que adopta cada miembro. Cuando abuelos o nietos cuentan con alguna discapacidad, cobra especial importancia y efecto la solidaridad afectiva y funcional entre abuelos y nietos, o entre nietos y abuelos.

Estas relaciones intergeneracionales contribuyen a afrontar las demandas diarias en el cuidado y desarrollo de la persona con discapacidad (Trindade, Hayashi, Lourenço, Figueiredo, Silva & Martínez, 2020). Los abuelos con nietos con discapacidad se erigen como importantes fuentes de apoyo para su familia (Yamashiro & Matsukura, 2015). Del mismo modo, los nietos pueden ser un gran pilar emocional y fuente de bienestar. Estudios como el de Yan, Li, Xiang & Wang (2020) muestran que las relaciones de las personas mayores con discapacidad con sus nietos son garantía de un mejor cumplimiento de tratamientos médicos y, como consecuencia, de un mejor estado de salud.

Si bien no se encuentran estudios científicos que profundicen específicamente sobre el ocio familiar intergeneracional de personas con discapacidad, el estado de la cuestión sobre relaciones intergeneracionales y discapacidad orienta hacia una hipótesis que debería ser contrastada en futuras investigaciones: las personas mayores pueden ser un potente agente motivador de las experiencias de ocio de sus nietos con discapacidad y, al mismo tiempo, los nietos pueden contribuir poderosamente en la generación de vivencias de ocio de sus abuelos con discapacidad.

Simplemente, compartir actividades de interés para ambas generaciones puede provocar verdadero ocio, produciendo satisfacción, desarrollo, felicidad y plenitud a mayores y pequeños (Sanz, 2021). Abuelos que comparten actividades de ocio con sus nietos con discapacidad y/o con otros abuelos y sus nietos con discapacidad amplían su percepción personal frente a la discapacidad, refuerzan su identidad como abuelos y la solidaridad afectiva personal (Woodbridge, Buys & Miller, 2011). En esta misma línea, que los niños compartan actividades con sus abuelos con capacidades limitadas, los ayuda a empatizar con sus mayores, a comprender que las discapacidades abren nuevas posibilidades y a desarrollar su solidaridad.

3. Experiencias de ocio inclusivo en el marco de las relaciones intergeneracionales

Un programa intergeneracional define un tipo de práctica que implica una participación activa de distintas generaciones, donde el intercambio de conocimiento es significativo y viabiliza experiencias de relación y cooperación entre ellas, que conllevan interacción e influencia mutua. Además, incluye actividades y recursos planificados dirigidos a alcanzar unos fines beneficiosos en un nivel individual y colectivo, que deben tener continuidad en el tiempo y no constituirse en acciones aisladas (Newman & Sánchez, 2007; Sánchez, Kaplan & Sáez, 2010).

Los factores de éxito consensuados en los programas intergeneracionales se relacionan, en correspondencia con las necesidades de la comunidad en la que se desarrollan, con la buena planificación y la gestión del programa, así como con el trabajo en red con las instituciones y entidades del entorno (Sánchez y Díaz, 2007). Otros investigadores suman otros aspectos como garantes del éxito, tales como la preparación de los integrantes, la financiación suficiente, la evaluación y la equitativa distribución de roles entre los participantes (MacCallum et al., 2006).

En la línea de lo que apuntan organismos internacionales como la Organización Mundial de la Salud, el Parlamento Europeo o la Asamblea de Naciones Unidas, se establece la necesidad de desarrollar programas intergeneracionales en el ámbito del ocio como un instrumento óptimo para que las personas mayores, con sus experiencias, participen de manera activa, práctica y efectiva

en la comunidad, favoreciendo de este modo los encuentros intergeneracionales (Flores, Ortega y Vallejo, 2019). Por su gran potencial para el aprendizaje
mutuo entre personas de distintas edades, el encuentro y la convivencia, se
erigen en espacios inclusivos que contribuyen a satisfacer las necesidades de las
diferentes generaciones.

En otro orden de cosas, las buenas prácticas se muestran como guías de
acción para alcanzar objetivos que han sido validados de forma sistemática y
empírica, siendo susceptibles de desarrollarse con éxito por otros sujetos o en
distintos contextos (Escudero, 2009); precisan de estrategias de cooperación
que favorezcan las buenas relaciones personales y contribuyan a aumentar las
expectativas de logro (Amores y Ritacco, 2011), lo que exige de referentes para
la mejora continuada del servicio que se presta, y no tanto de su producto final
(Larrubia y Navarro, 2006).

En el ámbito de las buenas prácticas, a pesar de manifestarse debilidades
conceptuales, existe consenso en ser consideradas como importantes contribuciones con un impacto tangible en la calidad de vida de las personas y de las
comunidades, puesto que están orientadas a la sustentabilidad social, cultural,
económica y ambiental (Ahedo et al., 2014). Se establecen como criterios acor-
dados para la selección de buenas prácticas la innovación, la eficacia/eficiencia,
la sostenibilidad, la replicabilidad/transferibilidad, la transversalidad/integrali-
dad, la implicación de la ciudadanía/empoderamiento/trabajo en red, la iden-
tidad/cohesión social/transformación y, por último, la evaluación comunitaria
(Ahedo et al., 2014; Gradaílle y Caballo, 2016).

Con estas premisas, se quiere presentar una breve aproximación de lo que
se está desarrollando en varios países sobre buenas prácticas en ocio centradas en forjar procesos inclusivos intergeneracionales de enseñanza-aprendizaje,
donde los partícipes son personas de edades diferentes, fundamentalmente,
personas mayores.

Por ello, teniendo en cuenta las características que debe cumplir un programa para ser considerado buena práctica, se efectuó un análisis sistemático
de casi un centenar de prácticas inclusivas centradas en la relación abuelos-
nietos, desarrolladas en diferentes contextos europeos, registradas en el Banco
Internacional de Documentos de Ciudades Educadoras[1] y Ciudades para un
Futuro más Sostenible[2]. Para el análisis se siguieron las fases de formulación
del problema, localización y selección de las buenas prácticas, valoración de la
calidad de estas mediante la codificación, extracción de datos, análisis y presentación de resultados.

Se identificaron un total de 15 buenas prácticas. Las experiencias intergeneracionales que se presentan son promovidas en su mayoría por organismos municipales y de tejido asociativo, y convergen en dar respuesta a las necesidades educativas, sociales y cohesivas de la sociedad actual, así como en promover una ciudadanía activa y corresponsable. Además, están orientadas a una participación conjunta de la infancia, la juventud y las personas mayores en torno a distintas actividades de ocio, fundamentalmente en las dimensiones cultural y ambiental-ecológica. En todas ellas se generan espacios de encuentro e intercambio y, mediante un proceso educativo, se propicia la inclusión social de las personas mayores de una manera más efectiva.

Las buenas prácticas seleccionadas se vinculan a programas de ocio inclusivo intergeneracional, unidas al desarrollo de prácticas literarias, visitas a museos, juegos tradicionales, turismo, conocimiento del entorno o concienciación medioambiental, desde un disfrute reflexivo y en estrecha relación con el patrimonio histórico, cultural y medioambiental próximo a las personas involucradas. Las iniciativas que se muestran constituyen una oportunidad para el encuentro entre generaciones y culturas, y viabilizan el ocio inclusivo intergeneracional como una oportunidad educativa, social y lúdica.

A continuación, se presenta un resumen de los programas analizados que ilustran aplicaciones distintas, con el objetivo de mostrar buenas prácticas dirigidas a favorecer procesos educativos intergeneracionales (ver Tabla 1).

La literatura científica pone de manifiesto múltiples bondades derivadas de la participación de abuelos y nietos en programas intergeneracionales. Así, las iniciativas presentadas proporcionan beneficios para la salud integral de abuelos y nietos, y les permiten desarrollar habilidades para fortalecer las relaciones en la familia, la escuela, el trabajo y la comunidad, además de para vivir y contribuir a una sociedad inclusiva y democrática. En un nivel individual también reportan grandes bondades; en los más jóvenes, optimiza sus habilidades sociales como la empatía y tolerancia, y minimiza los comportamientos de riesgo social; en los mayores, mejora su satisfacción vital, la movilidad, la psicomotricidad y el bienestar psicológico, gracias al incremento de la actividad física, cognitiva y social. Asimismo, los beneficios en un nivel familiar y comunitario de estas experiencias intergeneracionales afectan al funcionamiento de la sociedad, conllevando un aumento del apoyo social y, por consiguiente, se favorece el logro de una inclusión plenasocial (Cambero & Rangel, 2020; Fantova, 2004; Flores et al., 2019; Jörgensdóttir, 2019).

Tabla 1. Síntesis de las buenas prácticas. Fuente: Elaboración propia

Título	Tipología Actividad de ocio	Descripción de la experiencia
Parque de la Amistad, un lugar para jugar y aprender sin barreras (Montevideo, Uruguay)	Actividades lúdicas	*Parque de la Amistad* es un parque inclusivo con accesibilidad universal, orientado a la recreación conjunta de niños, jóvenes y personas mayores. A través de propuestas lúdicas y educativas se propician aspectos de socialización, inclusión y aprendizaje, que estimulan la curiosidad, la empatía, la imaginación y la creatividad. Se trata de un espacio abierto, donde personas con y sin discapacidad pueden jugar, encontrarse y divertirse en un entorno amigable y seguro. Los juegos están adaptados a la diversidad funcional de los visitantes, con el fin de potenciar la mayor independencia posible en su uso. El Parque cuenta actualmente con un espacio plaza y un espacio tecnológico, con actividades de juegos motrices (giro, balanceo, equilibrio, escalada, salto), sensoriales (juegos táctiles, auditivos, aromáticos y visuales) y juegos cooperativos que estimulan la experiencia colectiva. Algunas de las propuestas son hamacas, toboganes; laberinto, calesita (tiovivo), cascada, rincón infantil, juegos de mesa, anfiteatro, galería de fotos, murales en relieve, estación de ejercicios, etc. El espacio tecnológico cuenta con ordenadores, tabletas, programas con audiodescripción , juegos corporales mediados por la tecnología, entre otros. Además, se programan actividades educativas, recreativas y culturales que tienen como base la idea de jugar y aprender sin barreras, y se realizan acciones formativas para sensibilizar en temas como accesibilidad, discapacidad, inclusión, etc., y sobre el uso de las TIC para personas con discapacidad.

Tabla 1. Continúa

Título	Tipología Actividad de ocio	Descripción de la experiencia
En el corazón de mi infancia: generando vínculosintergeneracionales a partir de la memoria y el arte (Torres Vedras, Portugal)	Actividades culturales	El proyecto *En el corazón de mi infancia* se propone generar espacios de encuentro, ante los cambios en las dinámicas y modos de vida de los últimos años que han propiciado una progresiva separación entre las generaciones jóvenes y las más mayores y que han contribuido a la generación de prejuicios y estereotipos que acentúan el distanciamiento y hacen más profunda la brecha intergeneracional existente. En este programa, niñas, niños, jóvenes y mayores procedentes de zonas rurales del municipio se embarcan en un proceso de conocimiento mutuo e intercambio, mediante actividades que vinculan la memoria, la vida y el arte. Así, se proponen actividades que permiten a niñas, niños y jóvenes comprender la historia del territorio a través de los recuerdos de sus abuelos. Con la colaboración de creadores de diferentes disciplinas, consiguen producir obras artísticas que ponen en valor las historias de vida y visibilizan la contribución de las personas mayores a la sociedad. También se realizan talleres de canto coral en el que el repertorio son las canciones infantiles que las personas mayores cantaban durante su infancia. El proyecto promueve la presentación pública de los trabajos artísticos realizados en festivales y exposiciones, con el objetivo de poner en valor el proceso y compartir los aprendizajes realizados con la comunidad.

(continúa)

Tabla 1. Continúa

Título	Tipología Actividad de ocio	Descripción de la experiencia
El siglo XX, el siglo en que nacimos (Sabadell, España)	Actividades culturales	El grupo de trabajo de relaciones intergeneracionales nace de una iniciativa de los miembros del Consejo de las Personas Mayores del Ayuntamiento de Sabadell. Mostraron su interés en debatir y reflexionar sobre las relaciones que se dan entre las diferentes generaciones y los cambios sociales. Para dar respuesta a las necesidades identificadas se desarrollan una serie de talleres, por parte de las personas mayores, a las generaciones más jóvenes para transmitir su historia, cultura y valores. Está estructurada en cuatro talleres de una hora de duración: – Jardinería: breve explicación de las herramientas, preparación del terreno, plantar una flor, utilidad de las plantas aromáticas y medicinales, cuidado de las plantas y seguimiento. – Juegos tradicionales: diferenciar los juegos de antes y de ahora, comentar e intercambiar opiniones. – Vivencias y cuentos: comparar la sociedad, la familia y la escuela de antes con las de ahora. – Visita a un centro de personas mayores.
Okup@.te – Programa Intergeneracional de voluntariado. (Évora, Portugal)	Actividades culturales	El *Programa social, civismo y convivencia* ofrece actividades de tiempo libre a franjas de poblaciones muy diversas, pero con especial significado para aquellas personas mayores de 70 años, a las que se les ofrece la oportunidad de realizar actividades cívicas compartidas con niños de 6 a 13 años. Se realiza con voluntarios y, una vez analizado su perfil, se les encargan las actividades de tiempo libre que más se adecúan al mismo, así como a las edades de los estudiantes.

Tabla 1. Continúa

Título	Tipología Actividad de ocio	Descripción de la experiencia
Vivir y crecer (Palma de Mallorca, España)	Actividades culturales	El programa *Viure i Créixer*, del Área de Educación, Igualdad y Derechos Cívicos, ofrece un conjunto de actividades para abuelos, padres y niños de todas las edades una vez constatada la dificultad de muchas familias de pasar tiempo juntos, en muchos casos por dificultades de conciliación y en otros por falta de recursos o ideas. Son actividades lúdicas diseñadas para permitir pasar un buen rato a los miembros de las familias y entre familias muy diversas, es decir, un espacio donde convivan diferentes edades y culturas de forma positiva. El objetivo del programa es proporcionar a las familias un espacio donde poder disfrutar y compartir juntos un tiempo determinado y que este tiempo sea cualitativamente significativo. El programa tiene una triple vertiente: educativa, preventiva y de convivencia. Además, teniendo en cuenta el aumento de la población inmigrante, se ha hecho hincapié en facilitar la interrelación entre este colectivo y la población local, para favorecer su integración y la participación de las familias de diferentes orígenes en la vida de la ciudad. Es por ello, que las actividades del programa están diseñadas para fomentar la convivencia entre personas de diferentes edades y diferentes culturas, así como favorecer la igualdad entre hombres y mujeres, la solidaridad, la ciudadanía, la corresponsabilidad y los derechos humanos. Las ofertadas desde el ámbito de la Convivencia Intercultural e Intergeneracional son, entre otras: – Cuentos y Músicas del mundo, Leyendas africanas, Carpa de juegos del mundo, Percusión y danzas africanas, Danzas andinas y afro-peruanas. – Taller de cocina "Ens posam el davantal" y Cuentos por la igualdad. – Derechos Humanos y Solidaridad: Cuentos por los Derechos Humanos y Espectáculo de clausura con la colaboración de S'Altre Senalla-Comercio Justo.

(continúa)

Tabla 1. Continúa

Título	Tipología Actividad de ocio	Descripción de la experiencia
Parque social Castelfiorentino (Italia)	Actividades ecológico-ambientales	El Ayuntamiento de Castelfiorentino y el Centro de la Infancia, Adolescencia y Familia (CIAF) para promover el civismo y la participación ciudadana en la gestión de los espacios públicos tras registrar situaciones conflictivas entre personas mayores, familias y estudiantes que comparten un parque de la ciudad situado entre dos escuelas (una de educación primaria y otra de educación secundaria), tomaron la decisión de intervenir en este espacio proponiendo un proyecto educativo para favorecer el diálogo intergeneracional: *el Parque Social*. El objetivo principal es conseguir que el parque sea percibido como un punto de encuentro donde todos los ciudadanos puedan aportar sus propuestas de actividades, las cuales se organizan en una programación de eventos compartida.
Semilleros Infantiles para la Participación Ciudadana (Medellín, Colombia)	Actividades culturales	En Medellín, la Secretaría de Participación Ciudadana (SPC) implementa procesos formativos de mediano y largo alcance con el objetivo de formar a sujetos políticos, con criterios éticos y sociales, sensibles a las dinámicas culturales, corresponsables con el desarrollo de sus territorios y conectados con las políticas que afectan a la construcción y al ejercicio de la ciudadanía. Estos procesos formativos anuales en el tiempo libre van dirigidos a niños y niñas (de 7 a 13 años), jóvenes (de 14 a 18 años) y a sus abuelos, en todas las comunas y demarcaciones territoriales de la ciudad para fortalecer las capacidades que potencializan la participación democrática ciudadana y que promueven el diálogo social, la interacción comunitaria y con la Administración, y facilitan el desarrollo de los territorios y de la ciudad. Para ello se realizan sesiones formativas periódicas de forma coordinada con organizaciones locales que operan en el propio territorio, en pequeños grupos distribuidos por edades. Con el fin de direccionar y dar coherencia a todo el proceso educativo como un solo proyecto formativo de ciudad, ha desarrollado orientaciones pedagógicas, metodológicas y didácticas propias. Los temas trabajados con cada uno de los grupos son adaptados a las características de cada territorio, poniendo énfasis en la interacción y vinculación con el resto de la comunidad.

Tabla 1. Continúa

Título	Tipología Actividad de ocio	Descripción de la experiencia
		Niños, niñas y jóvenes se preparan para ser protagonistas de su historia social e intervenir de forma corresponsable en el desarrollo local de su ciudad, fomentando su capacidad creativa para imaginar nuevas realidades desde los principios de construcción de la cultura de paz y de los derechos humanos.
La huerta educativa intergeneracional (Mariñamansa, Orense)	Actividades ecológico-ambientales	Se trata de una experiencia dirigida a personas mayores, procedentes de zonas rurales de Orense con gran índice de despoblación, y niños entre 6 y 12 años. Se trata de facilitar la familiarización con el mundo de la horticultura, la diversidad biológica y paisajística respetando las reglas de la agricultura ecológica, enriqueciendo así la calidad de la ciudad. Los niños acuden en grupos de 15 una hora a la semana y se les ofrece una charla de cómo plantar y sembrar. La concejalía de Educación facilita un monitor, experto en botánica, para la realización de las actividades con los niños. Además, las personas mayores que tienen una huerta adjudicada también enseñan a los niños a llevarla recolectando sus propios cultivos.
Un Libro, un Suncheon (Suncheon, República de Corea)	Actividades culturales	Este proyecto quiere reforzar la identidad colectiva, fomentar la lectura y cohesionar la ciudadanía proponiendo a personas mayores, niños la lectura conjunta de libros infantiles previamente seleccionados por los responsables de la biblioteca. Más tarde, los pueden comentar en familia y, más adelante se organizan debates ciudadanos. Las *Bibliotecas Milagro* iniciadas gracias a donaciones pretenden ayudar a desarrollar el potencial de cada niño fomentando su curiosidad y ofreciéndoles experiencias atractivas. Este proyecto se lleva a cabo, también en minibibliotecas situadas en barrios donde el acceso a la Biblioteca Milagro es difícil. Hoy, son 24 las minibibliotecas construidas y organizadas en diferentes departamentos de Suncheon.

(continúa)

Tabla 1. Continúa

Título	Tipología Actividad de ocio	Descripción de la experiencia
Aprender con las personas mayores (Barcelona, España)	Actividades culturales	Esta gran ciudad se ve cada día más envuelta en un ir y venir en la que el individualismo y el día a día perjudican a mantener la historia. Es por ello por lo que este programa permite que los niños conozcan la historia reciente, las tradiciones olvidadas y recuperan la cultura popular de su barrio y/o ciudad. Los mayores, a través de la historia oral, pueden aportar su sabiduría, su experiencia, sus vivencias. Abuelos y niños participan en las charlas coloquio, en la explicación de cuentos, en grupos de conversación, en talleres de costura, baile, manualidades, ganchillo, sardanas, etc. Unos y otros comparten valores sociales y morales y aprenden a respetarse y a valorarse desde la libertad y la diferencia.
Memoria Virtual de las Personas Mayores de Sant Martí (Barcelona, España)	Actividades culturales y digitales	La *Memoria Virtual de las Personas Mayores de Sant Martí* es un proyecto multimedia socioeducativo en el que alumnado de educación primaria y secundaria y personas mayores trabajan juntas para recuperar la memoria histórica del distrito de Nou Barris y aprender juntos a usar las tecnologías de la información y la comunicación. Mediante entrevistas presenciales y comunicación por Internet, los grupos de alumnos realizan un trabajo de investigación sobre la vida de personas mayores voluntarias del distrito que será publicada en Internet. El proyecto incorpora también un programa de actividades para las personas mayores en aulas multimedia de las bibliotecas y centros cívicos, lo que representa una oportunidad para que se inicien en el uso de Internet y mejoren su comunicación con su entorno y la búsqueda de recursos útiles para su vida cotidiana.
Las personas mayores visitan a niños y niñas (Santa Maria da Feira, Portugal)	Actividades culturales	El programa "Imágenes de mi vida" se centra en un intercambio intergeneracional. Mediante distintas actividades permite un enriquecimiento recíproco a la vez que se reproduce y se construye la historia del municipio. Teniendo en cuenta el fuerte flujo migratorio vivido por los habitantes de la ciudad en los años 50, este proyecto implica a diferentes franjas de edad e integra experiencias relacionadas con el fenómeno de la emigración.

Tabla 1. Continúa

Título	Tipología Actividad de ocio	Descripción de la experiencia
Festival de barriletes (Rosario, Argentina)	Actividades culturales	El *festival del Barrilete* "Pintemos el cielo de Rosario" se realiza en el parque Scalabrini Ortiz, abarcando un fin de semana entre agosto y principios de septiembre. Tiene por finalidad, desarrollar un evento que despierte un interés renovado por lo lúdico. Se basa en la simpleza del goce por el divertimento de realizar una labor milenaria como el remontar una cometa, y el conocimiento trasmitido de abuelos/as a nietos/as que cumple la misión de aunar ambas generaciones. Se busca instaurar en la población la conciencia de ciudadanía, instándola a la apropiación auténtica y efectiva de un espacio público mediante el uso no solo de su suelo, sino de su cielo.
Personas mayores saludables y activas (Torres Vedras, Portugal)	Actividades culturales	Después de constatar que la ciudad de Torres Vedras cuenta con un alto porcentaje de población mayor, concretamente un 20 %, el Ayuntamiento creó el proyecto Personas mayores saludables y activas con el objetivo de integrar a este grupo de población en la vida activa de la ciudad, lo que mejora su calidad de vida a la vez que prestan un servicio a la comunidad. El proyecto lo integran dos programas diferenciados: el Programa Seguridad Vial y el Programa Patrimonio. A través del Programa Seguridad Vial las personas mayores ofrecen un servicio de prevención de accidentes de tráfico, el cual no siempre puede ser asumido por la policía municipal. Durante la entrada y salida de los niños de la escuela, que son los momentos de mayor afluencia de peatones, estas personas ayudan a niños de 6 a 10 años a cruzar los pasos de peatones sin riesgo. Para ello, reciben formación previa y, durante la realización de esta actividad, van debidamente identificadas. El Programa Patrimonio se basa en la integración de las personas mayores en actividades relacionadas con la promoción del conocimiento del patrimonio histórico de Torres Vedras, actuando como guías para las personas visitantes. Actualmente, esta actividad está centrada en las iglesias y la labor realizada por las personas mayores garantiza su apertura al público, dado que de lo contrario permanecerían cerradas la mayor parte del año.

(continúa)

Tabla 1. Continúa

Título	Tipología Actividad de ocio	Descripción de la experiencia
Red de Anfitriones (Algarbe, Portugal)	Turismo, excursionismo y ecología	El Ayuntamiento organiza visitas de conocimiento del entorno estimulando la participación de los visitantes en sus actividades económicas y culturales, con el fin de mitigar la tendencia a la despoblación y al abandono de estos territorios, estimulando el interés de jóvenes, adultos y sector turístico del litoral. Durante estas visitas, los habitantes actúan de anfitriones explicando a los visitantes en qué consiste su vida cotidiana y compartiendo su "know-how" adquirido después de muchos años de trabajo. Para llevar a cabo la experiencia, los centros educativos integran en su programa lectivo y pedagógico una estancia de dos días en el interior del territorio para promover el contacto entre las dos generaciones. Así, niños, niñas y adolescentes interaccionan con las personas del interior, en su mayoría de edad avanzada, y experimentan, personalmente, las actividades tradicionales a las que se dedican (apicultura, cría de ganado, agricultura ecológica, entre otras).

4. A modo de conclusión

Este capítulo ofrece una reflexión, desde un paradigma inclusivo, sobre las oportunidades que ofrece el ocio intergeneracional como generador de espacios educativos e inclusivos para el bienestar integral de todas las personas implicadas y, por ende, del conjunto de la comunidad, recogiendo acciones organizadas en planes promovidos por administraciones públicas y tejido asociativo que garantizan un compromiso compartido de responsabilidad social entre las distintas generaciones, y les proporciona conocimientos, habilidades, actitudes y valores, lo que contribuye tanto a una mejora de la calidad de vida de los individuos como al desarrollo de un país.

Las experiencias ofrecidas llevan a reflexionar sobre la calidad y los beneficios de las prácticas de ocio inclusivas intergeneracionales, teniendo en cuenta los escenarios contextuales y las necesidades de las distintas generaciones, predominando las iniciativas orientadas al intercambio de vivencias y a la participación conjunta de abuelos, padres e hijos. Principalmente, su valor estriba en suscitar la empatía entre los distintos miembros, facilitar la convivencia entre mayores, niños y jóvenes y ayudar a la cimentación de una ciudadanía activa y corresponsable.

De ahí la necesidad de que las políticas de intervención social y familiar se orienten al diseño e implementación de programas de ocio intergeneracional en familia, que mediante el desarrollo de actividades educativas inclusivas con continuidad en el tiempo, se conviertan en buenas prácticas que promuevan el enriquecimiento intergeneracional y contribuyan a una mayor cohesión inter-generacional y a una salud integral familiar que redunde en el desarrollo perso-nal y social de las distintas generaciones.

Notas

1 Véase https://www.edcities.org/banco-de-experiencias/
2 Véase http://habitat.aq.upm.es/lbbpp.html

Referencias

Adams, K. B., Leibbrandt, S. & Moon, H. (2011). A critical review of the literature on social and leisure activity and wellbeing in later life. *Ageing & Society, 31*(4), 683–712. https://doi.org/10.1017/S0144686X10001091

Ahedo, R., Valdemoros, M. Á., Escolar, M. C., Melendro, M., Serrat, N. y Pose, H. (2014). El valor de las buenas prácticas en la investigación en red. En G. Pérez y Á. De-Juanas (Eds.). *Educación y jóvenes en tiempos de cambio* (pp. 219–226). Universidad Nacional de Educa-ción a Distancia.

Airei, L., Lain, D., Jandric, J. & Loretto, W. (2020). A selfish generation? 'Baby boomers', values, and the provision of childcare for grandchildren. *Sociological Review.* https://doi.org/10.1177/0038026120916104

Amores, F.J. y Ritacco, M. (2011). Buenas prácticas educativas en centros escolares ubicados en zonas de riesgo de exclusión social. *Pulso, 34*, 69–88.

Arístegui, I. y Silvestre, M. (2012). El ocio como valor en la sociedad actual. *Arbor. Ciencia, pensamiento y cultura, 188*(754), 283–291. http://dx.doi.org/10.3989/arbor.2012.754n2002

Arpino, B. & Bordone, V. (2017). Regular provision of grandchild care and participation in social activities. *Review of Economics of the Household, 15*(1), 135–174. https://doi.org/10.1007/s11150-016-9322-4

Arriba González de Durana, A. (2014). Contenidos e instrumentos de las políticas de inclusión social e inclusión activa. *Lan harremanak: Revista de relaciones laborales, 29*, 155–174.

Asamblea General de Naciones Unidas (2015). *Transformar nuestro mundo: la Agenda 2030 para el Desarrollo Sostenible.* ONU.

Badenes, N. y López, M. T. (2011). Doble dependencia: abuelos que cuidan nietos en España. *Revista de Servicios Sociales*, 49, 107–125. http://dx.doi.org/10.5569/1134-7147.49.09

Bosse, I. K. & Westermann, I. (2016). Inclusive Leisure Activities: Necessary Skills for Professionals. An Exploratory Study. *International Journal of Technology and Inclusive Education (IJTIE)*, 5(1), 794–802. http://dx.doi.org/10.20533/IJTIE.2047.0533.2016.0102

Cambero, S. y Rangel, N. (2020). Aprendizaje Intergeneracional en Contextos Familiares y Socio-Educativos. Estudio de Caso en la Comarca Extremeña de Sierra Suroeste. *International Journal of Sociology of Education*, 9(1), 1–33. http://dx.doi.org/10.17583/rise.2020.4210

Caride, J. (2012). Lo que el tiempo educa: el ocio como construcción pedagógica y social. *Arbor: Ciencia, pensamiento y cultura* 188(754), 301–313. http://dx.doi.org/10.3989/arbor.2012.754n2001

Carlier, O. (2011). Ocio inclusivo como factor de innovación social. En R. Ahedo & F. Bayón. *OcioGune 2011: Ocio e innovación social. Hacia un ocio comprometido con el desarrollo humano* (pp. 103–111). Universidad de Deusto.

Clerton de Oliveira, J., Francileudo, F. A. e Ibiapina, L. (2014). El tiempo de ocio para el estilo de vida contemporáneo: significados a lo largo de la vida. En C. Ortega y F. Bayón (Coords.), *El papel del ocio en la construcción social del joven* (pp. 61–77). Universidad de Deusto.

Cuenca, M. y San Salvador, R. (2016). La importancia del ocio como base para un envejecimiento activo y satisfactorio. *Revista de Psicología del Deporte*, 25(2), 79–84.

Cuenca, M. (2009). La Pedagogía del Ocio: Nuevos Desafíos. En J. C. Otero López (Ed.) *Perspectivas actuales de la pedagogía del ocio y el tiempo libre. Nuevos desafíos* (pp. 9–23). Editorial Axac.

Cuenca, M. (2013). Ocio valioso en tiempos de crisis. En S. Torío, S. García-Pérez, O. Peña y C. Fernández (Coords.). *La crisis social y el estado del bienestar: las respuestas de la pedagogía social* (5– 20). Universidad de Oviedo.

Cuenca, M. (2014a). *Cátedra Ocio y Discapacidad del Instituto de Estudios de Ocio. Manifiesto por un ocio inclusivo.* Universidad de Deusto.

Cuenca, M. (2014b). *Ocio valioso. Manifiesto por un Ocio Valiosos para el Desarrollo Humano. 52.* Universidad de Deusto.

Cuenca, M. y Goytia, A. (2012). Ocio experiencial: antecedentes y características. *Arbor, Ciencia, pensamiento y cultura* 188(754), 265–281. http://dx.doi.org/10.3989/arbor.2012.754n2001

Escudero, J. M. (2009). Buenas prácticas y programas extraordinarios de atención al alumnado en riesgo de exclusión educativa. *Profesorado, Revista Currículum y Formación del Profesorado*, 13(3), 107–141.

Fantova, F. (2004). Un marco para el desarrollo y la mejora de servicios de ocio inclusivo. En Y. Lázaro (Coord.). *Ocio, inclusión y discapacidad* (pp. 99–112). Universidad de Deusto.

Flores, M. J., Ortega, M. C. y Vallejo, S. (2019). Experiencias inclusivas intergeneracionales ¿un nuevo horizonte para la inclusión de personas mayores y menores? *Miscelánea Comillas: Revista de Ciencias Humanas y Sociales*, 77(150),139–152.

García-Moya, I., Moreno, C., Rivera, F., Ramos, P. y Jiménez-Iglesias, A. (2012). Iguales, familia y participación en actividades deportivas organizadas durante la adolescencia. *Revista de Psicología del Deporte*, 21(1), 153–158.

Gibson, H. (2011). *Leisure and Aging: Theory and Practice.* Human Kinetics Publishers.

Gobierno de España (2018). *Plan de acción para la implementación de la Agenda 2030. Hacia una Estrategia Española de Desarrollo Sostenible.*

Gradaílle, R. y Caballo, B. (2016). Las buenas prácticas como recurso para la acción comunitaria: criterios de identificación y búsqueda. *Contextos educativos, 19,* 77–88. doi: http://dx.doi.org/10.18172/con.2776

Hatcher, J., Voigts, K., Culp-Roche, A., Adegboyega, A. & Scott, T. (2018). Rural Grandparent Headed Households: A Qualitative Description. *Online Journal of Rural Nursing and Health Care, 18*(1), 40–62. https://doi.org/10.14574/ojrnhc.v18i1.486

Izal, M., Bellot, A. & Montorio, I. (2018). Positive perception of time and its association with successful ageing / Percepción positiva del tiempo y su relación con el envejecimiento exitoso. *Estudios de Psicología, 39*(2–3), 286–323. http://dx.doi.org/10.1080/02109395.2018.1507095

Jarrott S. E. & Smith C. L. (2010). The complement of research and theory in practice: contact theory at work in nonfamilial intergenerational programs. *The Gerontologist, 51*(1), 112–121.

Jörgensdóttir, R. (2019). Participation Research on an Inclusive Leisure Programme for Children age 10–12: Ways to Create Cooperation and Learning Processes Within a Diverse Group of Children. En M. Schüpbach & N. Lilla (Ed.), *Extended Education from an International Comparative Point of View* (pp. 121–136). WERA-IRN Extended Education Conference Volume

Larrubia, R. y Navarro, S. (2006). Selección de buenas prácticas para la inclusión social en el marco de un proyecto europeo: URBAL- 10. *Baética: Estudios de arte, geografía e historia, 28*(1), 391–412.

Lazcano, I. y Caballo, B. (2016). Ocio deportivo juvenil: relación entre satisfacción e implicación organizativa. *Revista de Psicología del Deporte, 25*(2), 9–14. Recuperado de: https://goo.gl/KJhTQH

MacCallum, J., Palmer, D., Wright, P., Cumming-Potvin, W, Northcote, J., Booker, M. & Tero, C. (2006). *Community building through intergenerational exchange programs.* National youth Affairs Research Scheme.

Martínez-González, R. A. y Pérez-Herrero, M. H. (2004). Evaluación e Intervención Educativa en el campo familiar. *Revista Española de Orientación y Psicopedagogía, 15*(1), 89–104. https://doi.org/10.5944/reop.vol.15.num.1.2004.11622

Meil, G. (2006). The consequences of the development of a beanpole kin structure on exchanges between generations – The case of Spain. *Journal of Family Issues, 27,* 1085–1099. https://doi.org/10.1177/0192513X06288121

Ming-Ching, Y., Jen-Son, C. & Shu-Wen, Y. (2012). Leisure lifestyle and health-related quality of life of taiwanese adults. *Social Behavior and Personality, 40,* 301–317.

Moffatt, S., Tse Laurence, M. & Pennington, L. (2019). Experiences of Grandparenting Disabled Children in the UK: A Qualitative Study of Intergenerational Relationships. *Journal of Intergenerational Relationships, 17*(1), 58–73, https://doi.org/10.1080/15350770.2018.1500331

Monteagudo, M. J. (2004). Los beneficios del ocio ¿qué son y para qué sirven? *Adoz: Revista de Estudios de Ocio, 28*(1), 63–72.

Monteagudo, M. J. (2020). Factores determinantes del ocio de las personas mayores y su contribución al envejecimiento satisfactorio. En J.A. Caride, M.B. Caballo y Gradaílle, R. (Coords.). *Tiempos, educación y ocio en una sociedad de redes* (pp. 153–170). Octaedro.

Montero, I. y Bedmar, M. (2010). Ocio, tiempo libre y voluntariado en personas mayores. *Polis, Revista de la Universidad Bolivariana, 26*(9), 61–84.

Moral, M. V. (2017). Programas intergeneracionales y participación social: la integración de los adultos mayores españoles y latinoamericanos en la comunidad. *Universitas Psychologica, 16*(1), 157–175. https://doi.org/10.11144/Javeriana.upsy16-1.pips

Newman, S. y Sánchez, M. (2007). Los programas intergeneracionales: concepto, historia y modelos. En M. Sánchez (Coord.). *Programas intergeneracionales: hacia una sociedad para todas las edades* (pp. 37–69). Fundación La Caixa.

Organización Mundial de la Salud (2002). Envejecimiento activo: un marco político. *Revista española de geriatría y gerontología, 37*(S2), 74–105.

Roult, R., Royer, C., Auger, D. & Adjizian, J. M. (2016). Development of adolescents' leisure interests and social involvement: perspectives and realities from youth and local stakeholders in Quebec. *Annals of leisure research, 19*(1), 47–61. https://doi.org/10.1080/11745398.2015.1031805.

Ryu, J. & Heo, J. (2018). Relationships between leisure activity types and well-being in older adults. *Leisure Studies, 37*(3), 331–342. https://doi.org/10.1080/02614367.2017.1370007

Sánchez, M. y Díaz, P. (2007). ¿Qué quiere decir evaluar un programa intergeneracional? En M. Sánchez (Dtor.), *La evaluación de los programas intergeneracionales* (pp. 19–29). Instituto de Mayores y Servicios Sociales (IMSERSO).

Sánchez, M., Kaplan, M. y Sáez, J. (2010). *Programas intergeneracionales. Guía introductoria. Colección Manuales y Guías.* Instituto de Mayores y Servicios Sociales (IMSERSO).

Sanz, E., Valdemoros, M. A., Ponce de Léon, A., Alonso, R. A. y Sáenz de Jubera, M. (2020). Ocio y bienestar en clave intergeneracional. En J.A. Caride, M.B. Caballo & R. Gradaílle. *Tiempos, educación y ocio en una sociedad de redes* (pp. 139–152). Octaedro.

Sanz, E. (2021). Desarrollo y bienestar intergeneracional en el marco de la Orientación Educativa. En M. J. Marrodán y A. Ponce de León. *Orientación en el desarrollo y bienestar personal* (pp. 83–94). Servicio de Publicaciones de la Universidad de La Rioja.

Shorey, S. & Ng., E. D. (2020). A social-ecological model of grandparenting experiences: a systematic review. *The gerontologist, 172*, 1–13. http://dx.doi.org/10.1093/geront/gnaa172

Teater, B. (2016). Intergenerational Programs to Promote Active Aging: The Experiences and Perspectives of Older Adults. *Activities, Adaptation & Aging, 40*(1), 1–19. http://dx.doi.org/10.1080/01924788.2016.1127041

Tinsley, H. (2004). Beneficios del ocio. *Adoz: Revista de Estudios de Ocio, 28*(1), 55–62.

Trindade, T.R., Hayashi, M.C.P.I., Lourenço, G.F., Figueiredo, M.O., Silva, C.R. & Martínez, C.M.S. (2020). Supports and relationships between mothers and grandparents of children with disability: talking about intergenerational family solidarity. *Cadernos Brasileiros de Terapia Ocupacional, 28*(4), 1268–1283. https://doi.org/10.4322/2526-8910.ctoAR1951

Villas-Boas, S., Lima Oliveira, A., Ramos, N. & Montero, I. (2016). A educação intergeracional no quadro da educação ao longo da vida – Desafios intergeracionais, sociais e pedagógicos. *Investigar em Educação, 5*, 117–141.

Von Humboldt, S., Monteiro, A. & Leal, I. (2018). How do older adults experience intergene-rational relationships? Different cultures, ambivalent feelings. *Educational Gerontology*, 44(8), 501–513, https://doi.org/10.1080/03601277.2018.1520528

Woodbridge, S., Buys, L. & Miller, E. (2011). "My grandchild has a disability": impact on grand parenting identity, roles and relationships. *Journal of Aging Studies*, 25(4), 355–363.

World Leisure and Recreation Association (WLRA) (1993). Internacional Charter for Leisure Education. European Leisure and Recreation Association. *World Leisure & Recreation*, 36(2), 41–45. https://doi.org/10.1080/10261133.1994.9673916

Yamashiro, J. A. & Matsukura, T. S. (2015). Cotidiano e estresse de avós de crianças com defi-ciência e de avós de crianças com o desenvolvimento típico. *Estudos Interdisciplinares sobre o Envelhecimento*, 2(3), 849–863.

Yan, C. Y., Li, A. C., Xiang, Q. & Wang, J. (2020). Association of health-related private trans-fers with treatment compliance of musculoskeletal disorders in the rural elderly: evidence from an underdeveloped region of China. *BMC Musculoskeletal disorders* 21(1), 747. https://doi.org/10.1186/s12891-020-03760-x

ESTRATEGIA DE PROMOCIÓN DE LA INCLUSIÓN EN OCIO PARA LA JUVENTUD CON DISCAPACIDAD

Aurora Madariaga

Joseba Doistua

Idurre Lazcano

Universidad de Deusto

1. Presentación de la estrategia

La estrategia para la promoción de la inclusión que se presenta en este capítulo es el resultado de una investigación sobre el ocio de la juventud con discapacidad en el norte de España, en el País Vasco (Doistua, Lazcano y Madariaga, 2020). La interpretación de los resultados de la investigación se centró en la consideración del ocio como ámbito vital de las personas con discapacidad (Banco Mundial, 2017), y, por tanto, en su derecho al ocio y a poder participar, lo cual implica tener vivencias, estar satisfecho, acceder a una oferta accesible e inclusiva y tener oportunidades (ONU, 2006). El enfoque no se centra en la exclusión y los elementos diferenciadores que aíslan a las personas con discapacidad (p. ej., déficits, servicios específicos, barreras y no participación).

El estudio analiza la realidad para establecer las líneas básicas que permiten el diseño de una estrategia que aplica el principio de inclusión a la intervención en ocio con la juventud con discapacidad. Todo ello, tomando como punto de partida, la mejora del bienestar y la calidad de vida mediante el desarrollo de un ocio inclusivo en un contexto de promoción del desarrollo humano de ese grupo de población. La finalidad del proyecto tal y como se apuntaba en el arranque del estudio era elaborar una estrategia de *Ocio Joven*

Inclusivo que sirva de instrumento en la mejora de prestación de servicios de ocio de calidad.

El ocio es un ámbito de desarrollo personal y social de la juventud, muy valorado, percibido como un espacio vital importante y un tiempo lleno de vivencias satisfactorias (World Leisure Organization [WLO], 2000). El acceso al ocio de las personas con discapacidad está determinado porque, aún hoy día, es un colectivo en riesgo de exclusión, ya que la oferta de ocio los excluye porque no cumple las condiciones necesarias para participar plenamente. En líneas generales, dicha oferta aún no tiene en consideración a todos los grupos de población joven, sino que proyecta diseños y gestiona oferta para la población "homogénea" con necesidades similares.

La intervención se apoya en un compromiso social e institucional que potencia la plena inclusión en ocio de las personas jóvenes. Promueve la inclusión como un valor en alza y un rasgo de innovación social. Es un posicionamiento conceptual arriesgado y valiente que se sitúa en las claves más positivas de la atención a la diversidad y avanza hacia escenarios de futuro organizados sobre la base del principio de inclusión (Chair of Leisure and Disability, 2019). La aplicación de la inclusión en ocio constituye una herramienta para garantizar el acceso de toda persona a la oferta de ocio comunitaria.

El carácter innovador de la investigación tiene su reflejo en el desarrollo de la estrategia de inclusión y con la finalidad de que la estrategia sea una herramienta para la prestación de servicios de ocio de calidad, así como para la mejora del acceso y disfrute del ocio de la juventud con discapacidad, a partir de la aplicación del principio de inclusión. Se pretende establecer procesos de consolidación, dinamización e innovación en el desarrollo del ocio para la juventud con discapacidad.

La estrategia deriva y se apoya en las diferentes partes que conforman el estudio en su totalidad y que se realizaron de manera consecutiva para que las aportaciones de cada apartado pudieran contribuir de modo significativo en la siguiente.

Data

Se realizó un estado de la cuestión en materia de ocio, juventud y discapacidad mediante una revisión bibliográfica y documental. Las bases conceptuales del proyecto se apoyan en tres ejes: juventud, ocio y discapacidad (Ainscow et al., 2013). Además, se realiza una recopilación de estadísticas y datos existentes en torno a los tres temas anteriores.

Mapa

Se profundizó en la identificación de recursos de ocio inclusivo para jóvenes con discapacidad mediante la administración de un cuestionario que recoge las características de la oferta de ocio comunitaria y otro cuestionario que ordena la información sobre la oferta de ocio que gestionan las asociaciones de discapacidad. Se realiza un análisis y diagnóstico de la oferta pública y privada, de equipamientos, servicios y programas de ocio dirigidos a la juventud, que se complementa con un análisis y diagnóstico de la oferta pública y privada, de equipamientos, servicios y programas de ocio dirigidos de forma específica a la juventud con discapacidad.

Barómetro

Análisis de la experiencia de ocio con un cuestionario sobre las prácticas, demandas y estilos de ocio administrado a la juventud con discapacidad. Constituye un estudio de la tipología de juventud con discapacidad, desde el punto de vista de su estilo de vida en ocio: actividades, prácticas y consumos, motivaciones, intereses, opiniones, valores, emociones, beneficios y barreras.

Panel

Desarrollo de un panel de expertos para recoger la valoración de técnicos y profesionales que intervienen en ocio, juventud y/o discapacidad. Contraste de los datos con los técnicos y profesionales que trabajan con jóvenes en los ámbitos del ocio y/o con el mundo de la discapacidad. Además, se identifican las líneas de trabajo dirigidas a atender los puntos fuertes y débiles recogidos en el diagnóstico y se recogen, de forma sistemática, propuestas y acciones para incorporar en la estrategia de inclusión.

2. Un acercamiento a la naturaleza de la inclusión

El punto de partida es entender el ocio como un ámbito promotor y posibilitador del desarrollo humano en toda persona (WLO, 2020). La Organización Mundial del Ocio lleva décadas manifestando la necesidad y el derecho que tiene toda persona a acceder a servicios de ocio variados y de calidad, así como que el entorno debe garantizar el uso de las instalaciones y una participación real y efectiva en actividades de ocio. Es relevante subrayar que se deben dar las oportunidades reales para que toda persona joven, con o sin discapacidad, pueda disfrutar de vivencias de ocio plenamente satisfactorias en diferentes ámbitos del ocio (cultura, deporte, recreación y/o turismo).

La juventud es un momento vital que constituye las bases del tránsito a la vida adulta. En dicho periodo es importante desarrollar competencias, habilidades y aptitudes relacionadas con la autonomía, la capacidad de toma de decisiones y avanzar en el camino de una vida lo más independiente posible.

Entre los derechos de las personas con discapacidad también se contempla la satisfacción de todas las necesidades que tiene una persona joven con discapacidad y que se derivan del hecho de ser joven y de la realidad de tener una discapacidad (Organización de Naciones Unidas [ONU], 2006). Para ello es necesario desarrollar contextos colaborativos (Comité Español de Representantes de Personas con Discapacidad, 2020) y propicios para satisfacer las necesidades de la forma menos restrictiva posible y menos condicionada por la presencia de una discapacidad, que a menudo limita y engrandece las barreras y dificultades con las que se enfrente en su vida diaria una persona joven a la hora de participar en la comunidad.

Aproximarse a la discapacidad en la actualidad obliga a posicionarse en las implicaciones que se derivan de la Convención sobre los Derechos de las Personas con Discapacidad (ONU, 2006) y el cambio de paradigma que ha supuesto. Este texto recoge de forma escrupulosa la concepción actual de la discapacidad, la importancia del entorno y sus características como espacio inhibidor o facilitador del desarrollo de cada persona, además de articular los derechos de una persona a lo largo de toda su vida y en los diferentes ámbitos que lo conforman. Quizá sea relevante apuntar a la calidad de vida (Verdugo y Schalock, 2013) como meta y finalidad para el bienestar de la persona con discapacidad, pero también como herramienta para planificar servicios que respondan adecuadamente a las necesidades del colectivo. El ejercicio de los derechos humanos, civiles y legales de toda la ciudadanía constituye un marco incomparable para modificar y actualizar la imagen de las personas con discapacidad y sus diferentes potencialidades personales y roles sociales (Wolfensberger, 2011).

El protagonismo indiscutible de su vida lo debe tener la propia persona con discapacidad, debe poder compartir su relato, su visión de la vida, sus deseos y anhelos en primera persona (Dattilo, 2018). Ello le dará un reconocimiento y una visibilidad impensable en otro momento, y por eso es necesario tener equiparación de oportunidades y posibilidades de participar en la sociedad de forma activa (Booth y Ainscow, 2015).

Una cuestión fundamental para responder adecuadamente a las necesidades de una persona joven con discapacidad y más concretamente en el ámbito de ocio es la designación de apoyos (ONU, 2006, y LIONDAU, 2003), valorando en cada caso el tipo de apoyo (p. ej., humano, ayuda técnica, tecnología, etc.) y la frecuencia, duración e intensidad de este (p. ej., intermitentes, limitados, extensos, o generalizados) dependiendo del entorno y las exigencias. Los apoyos no van acompañados de pérdida de autonomía, sino que precisamente se enfoca en que la persona pueda participar y ejercer sus derechos.

Los avances en el sendero de la inclusión los encontramos en la evolución de la calidad de vida como herramienta de desarrollo de altas cuotas de bienestar en los países desarrollados (Schalock y Verdugo, 2007), y en la comprensión de la diversidad humana como una realidad multicultural y multifactorial que cada día es más heterogénea (Dattilo, 2018), que se alimenta y enriquece de características y rasgos de diferentes grupos humanos.

Para avanzar en la inclusión es fundamental, desde una visión contemporánea en una sociedad conectada y cambiante, desgranar e identificar los rasgos que la componen, así como los términos estrechamente vinculados al concepto, tales como normalización (Wolfensberger, 2011), integración (Stainback y Stainback, 1999), equiparación de oportunidades (ONU, 2006), participación (Lazcano et al., 2018), accesibilidad (LIONDAU, 2003) y diseño para todos (LIONDAU, op. cit), como herramientas necesarias para promover el acceso a la vida comunitaria en todos sus ámbitos de la ciudadanía en su conjunto. Entendemos que todos estos son elementos constituyentes y condiciones necesarias de la inclusión (Booth y Ainscow, 2015).

La inclusión es, ante todo, una cuestión de derechos humanos y por consiguiente asume la defensa de una sociedad para todos, razón ética por la que debería también ser asumida por todos (CERMI, 2007). Esta propuesta se sustenta en la premisa de que la comunidad debe satisfacer las necesidades de todos independientemente de sus particularidades y condiciones, es decir atender a la diversidad en el marco de entornos comunitarios. Además, la inclusión se centra en la atención a la ciudadanía heterogénea y diversa y no hace referencia exclusivamente a las personas con discapacidad; sin embargo es necesario resaltar que el cambio significativo que se ha producido en la forma de percibir, entender, y responder hoy a la discapacidad ha contribuido al desarrollo de culturas, entornos y políticas de inclusión (Booth et al., 2000).

La adopción del principio de inclusión marca diferencias con respecto a etapas anteriores ya que se basa en la no discriminación, en proveer a todas las personas de mejores condiciones y oportunidades y en involucrar a todos en las mismas actividades acordes a la edad (Jorgensen et al., 2011). La inclusión debe potenciar tres dimensiones interrelacionadas: la creación de culturas inclusivas, la producción de políticas inclusivas y el desarrollo de prácticas inclusivas (Parrilla y Sierra, 2015). Abarca todos los aspectos de la vida social, los valores, las políticas de apoyo, las prácticas y la planificación de recursos.

La inclusión es un proceso en tres niveles: el primero es la presencia, lo que significa estar en la sociedad, aunque no es suficiente el solo estar. Por tanto, el segundo nivel es la participación que exige las condiciones necesarias para que cada persona pueda realmente participar en las actividades. El tercer nivel es el desarrollo de potencialidades que debe promover el desarrollo humano de cada persona, ello requiere identificar y superar las barreras que impiden dicho proceso. Dichas barreras pueden estar en aspectos físicos (organización, edificios, instalaciones, etc.), comunicativos (señalización, información, comprensión, etc.) y/o sociales (actitudinales o mentales) según apunta Echeita et al. (2016). Una de las claves para la inclusión es la accesibilidad estructural, condición necesaria, aunque no suficiente para que todas las personas puedan participar. Por ejemplo, proyectos de ocio inclusivo pueden verse afectados si, pese a una buena planificación y gestión, no se dan las condiciones de accesibilidad requeridas en cada entorno o espacio (Wolfensberger, 2011).

La verdadera inclusión no se produce por un simple ordenamiento de experiencias, por la integración social o por la organización de actividades. Los aspectos básicos de la inclusión son la concepción de la discapacidad (Moriña, 2015), la visión transformadora de las personas con discapacidad, la asunción del paradigma de apoyo, la mejora de la calidad en la prestación de servicios y las actuaciones centradas en funcionalidad y cobertura de necesidades. Promover la inclusión en ocio es reconocer lo que nos hace iguales y a la vez distintos, poder participar, valorar a cada persona, y entender la diversidad como elemento de enriquecimiento (Booth et al., 2000). Una comunidad inclusiva genera o facilita entornos en los que, además de estar garantizado el acceso y la plena participación de las personas con discapacidad, se desarrollan valores de respeto hacia la diversidad (Dattilo, 2018).

Las claves del ocio inclusivo, en el marco de un ocio entendido como experiencia humana y derecho, obligan a desarrollar un entorno inclusivo y flexible en el que quepan todos (Ainscow y Gómez Hurtado, 2014), y en el que exista un equilibrio y armonía entre las necesidades sociales e individuales. Este conjunto de elementos fundamentales constituye la esencia del ocio inclusivo (Chair of Leisure and Disability, 2019). Un entorno de ocio que apoya, respeta, acepta y valora a cada persona para que pueda elegir y participar libremente. En la actualidad, no se responde a todas las personas ni se garantiza el ejercicio de todos los derechos y, por tanto, los servicios específicos se consolidan ante la escasa posibilidad de participación en la oferta de ocio comunitaria.

La aplicación de la inclusión para garantizar el acceso a la oferta de ocio comunitaria requiere el desarrollo de proyectos novedosos que posibiliten avanzar en el largo camino que trascurre desde la exclusión a la inclusión (Verdugo y Schalock, 2013). El desarrollo de una política inclusiva en ocio que pretenda responder a necesidades de diversa naturaleza de toda la ciudadanía implica la implantación de nuevas estructuras y modelos de gestión en los que el ocio se considera un factor ligado a la calidad de vida y un ámbito promotor del desarrollo personal (Echeita, 2017). Además, en el caso de las personas con discapacidad debe llevar implícito un compromiso por la accesibilidad y el diseño para todos en entornos de ocio (Navas et al., 2017).

La tabla 1 sintetiza, a partir de las fuentes consultadas anteriormente, los principales conceptos e ideas básicas que definen la *inclusión en ocio* y cuáles son las implicaciones prácticas de la intervención en ocio.

Tabla 1. Elementos fundamentales en la aplicación de la inclusión en ocio. Fuente: Elaboración propia

INCLUSIÓN EN OCIO	
IDEAS BÁSICAS	IMPLICACIONES
– Una sociedad para todos	– Eliminar cualquier discriminación
– Desarrollo de toda la ciudadanía	– Favorecer la libertad de elección
– El valor de la diversidad	– Organizar actividades para todos
– Visibilidad y presencia social	– Posibilitar la participación
– Sentimiento de pertenencia	– Reconocer la valía de cada persona
– Aceptación y acogida	– Respeto a la diversidad
– Igualdad de derechos	– Responsabilidad compartida
– Ciudadanía con derechos	– Sentido de pertenencia
– Equiparación de oportunidades	– Tener en cuenta a todas las personas
– Participación activa	– Gestionar los apoyos
– Acceso a y uso de servicios de ocio	– Adaptar el entorno
– Favorecer relaciones interpersonales	– Conocer necesidades de apoyo
– Todos diferentes pero necesarios	– Entornos de ocio accesibles

3. Estructura de la estrategia

La finalidad última de este proceso de reflexión es mejorar el acceso y disfrute del ocio de la juventud con discapacidad, a partir de la aplicación del principio de inclusión. Se pretende establecer estrategias de consolidación, dinamización e innovación en el desarrollo del ocio centrado en ese grupo de población. El principal destinatario de la estrategia, la persona joven con discapacidad y su participación en ocio requiere implicar a todos los agentes que intervienen en uno o varios de los ejes planteados: juventud, ocio, y discapacidad. La estrategia se articula partiendo de dichos ejes y se asienta en cinco principios transversales (San Salvador del Valle, 2000) y cuatro líneas estratégicas, las cuales se concretan en un conjunto de recomendaciones que promueven una mayor participación y garantizan la equiparación de oportunidades en el contexto de la inclusión en ocio de la juventud con discapacidad (Dattilo et al., 2019).

La figura 1 recoge de forma gráfica los componentes que articulan la estructura de la estrategia, cuyos elementos son los ejes, los principios y las líneas, y las recomendaciones.

1. Ejes objeto de la estrategia

La estrategia se apoya en tres ejes vertebradores de la misma: el ocio, la juventud y la discapacidad. A continuación, se presenta el enfoque y algún autor relevante en cada uno de ellos.

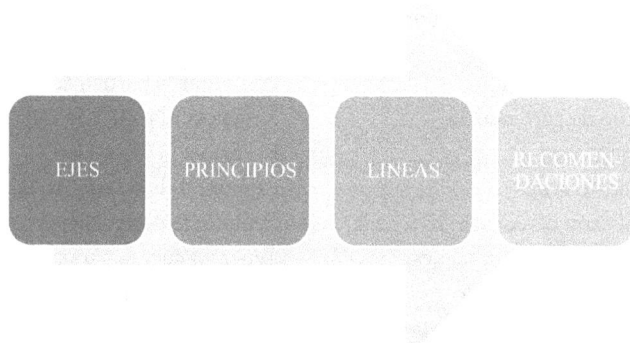

Figura 1. Estructura de la estrategia. Fuente: Elaboración propia

Juventud

La juventud no es una etapa de tránsito, sino que tiene entidad en sí misma y constituye un gran activo social (González-Anleo y González, 2010). Por lo tanto, se entiende como un espacio social de experimentación individual prolongado, donde conviven una multiplicidad de situaciones (Gil Calvo, 2005; Tejerina, Carbajo y Martínez, 2012), calando los cambios que van sucediendo en la sociedad en este segmento de la población (López, 2010). La juventud es un ciclo vital de gran importancia ya que sienta las bases de la madurez y autonomía que marcaran la etapa adulta. El estilo de vida de la juventud es posibilitador o limitador del desarrollo personal. Se establecen como rangos dentro de este segmento de la población tres subgrupos: 15/19 años, 20/24 años, y 25/29 años, cada uno de ellos se caracteriza por necesidades y demandas diferentes.

Ocio

El ocio se articula y se comprende como una experiencia integral de la persona, un derecho humano fundamental, un ámbito de calidad inclusivo, participativo, sostenible, y relacional, y un factor de desarrollo humano personal, social, económico, cultural y ambiental (World Leisure Organization, 2020). Es un derecho humano fundamental y universal del que nadie debe ser privado por razones de discapacidad, género, orientación sexual, edad, raza, religión, creencia, salud, condición económica o cualquier otra circunstancia personal o social (ONU, 2006). Las vivencias personales derivadas de actividades o prácticas de ocio se definen para cada uno en función de la libertad percibida, la motivación intrínseca y la satisfacción (Dattilo, 2018) teniendo como finalidad el desarrollo de potencialidades y capacidades. Entre los principales ámbitos en los que se manifiesta el ocio están la cultura, el turismo, el deporte y la recreación. Se concretan en planes, proyectos y programas y se materializan en entornos (físicos o virtuales), productos y servicios, que deben incluir la igualdad y la no discriminación (Chair of Leisure and Disability, 2019).

Discapacidad

La discapacidad está relacionada con la salud y el funcionamiento de cada persona (Organización Mundial de la Salud CIF, 2001). Forma parte de la naturaleza humana y es una característica que no resta la condición de persona, por ello es necesario poner los medios para posibilitar una vida más autónoma, independiente y autodeterminada en cada persona con discapacidad (Schalock et al., 2019). Son ciudadanos de plenos derechos y se ha avanzado en el propio concepto de discapacidad, en el ámbito de la legislación (CERMI, 2020) y en los modelos y ámbitos de intervención. Los principales tipos de discapacidad se agrupan en auditiva, física, intelectual, visual y enfermedad mental (Parrilla et al., 2019). Unido estrechamente a la discapacidad se encuentra la promoción de la inclusión de todas las personas independientemente del tipo o grado de discapacidad que tengan (Bogenschutz et al., 2015).

2. Ejes objeto de la estrategia

Los principios que lideran la estrategia de inclusión en ocio se derivan directamente de los ejes conceptuales en los que se basa el trabajo del equipo de investigación que la diseña. Entendemos por principios "las categorías en las que se sustentan los demás componentes de la estrategia: tanto las metas como las líneas, y acciones". Determinan y orientan la acción a partir del marco de referencia conceptual y son los fundamentos en los que se apoya la concreción de la estrategia. Se han adoptado como principios básicos: participación, corresponsabilidad, subsidiariedad, pluralidad, y perspectiva de género. La inclusión constituye el principio aglutinador de los rasgos de todos ellos.

3.2.1. Principio de participación

Se trata de involucrar no solo a las personas jóvenes representadas en movimientos y asociaciones del ámbito de la discapacidad, sino también a ciudadanos a título personal, para recoger las necesidades y demandas de dichos jóvenes en su propia voz. Se entiende que la juventud participa cuando acude, se compromete, se involucra o se implica activamente, lo que supone convertirse en parte de una organización o colectivo que reúne a más de una sola persona, un acto social producto de una decisión personal. Se trata de alguna manera en que además de que la sociedad influya sobre la persona, también esté presente la voluntad personal de influir en la sociedad, tomando parte activa en las decisiones de la política pública (Díaz, 2017).

3.2.2. Principio de corresponsabilidad

Participar es, por tanto, ser corresponsable de las decisiones y acciones tomadas en cuenta. No buscar respuestas concretas, sino proyectos colectivos (Brugué,

2018). En este sentido y según este autor es necesario superar las barreras y asimetrías de poder entre la ciudadanía y los poderes públicos, así como las barreras económicas. La implicación de toda decisión y acción en una realidad transciende lo más próximo y cercano. La interrelación permanente entre niveles diversos, las intervenciones en el ámbito local, pero que han sido creadas en otros niveles, obliga a que cualquier sector o agente se sienta corresponsable del proceso seguido en la distancia cada vez más próxima e inmediata de la sociedad emergente.

3.2.3. Principio de subsidiariedad

Toda demanda o necesidad deberá ser cubierta por el nivel más cercano a la realidad desde la que se plantea; el ámbito local satisface mayoritariamente las necesidades de los diferentes grupos de población (San Salvador del Valle, 2000).

3.2.4. Principio de perspectiva de género

Se hace imprescindible reconocer y tomar conciencia de la necesidad de corregir situaciones discriminatorias que colocan a las personas en circunstancias de desigualdad e injusticia social derivadas de su género. Mujer y discapacidad se convierten en un binomio que, a menudo, genera doble discriminación y a la que se debe atender de forma específica (Flores y Fernández, 2014).

3.2.5. Principio de pluralidad

Los hábitos, las prácticas, los consumos, las motivaciones, las necesidades y las demandas se ordenan en torno a tipologías de jóvenes con o sin discapacidad (Parrilla y Sierra, 2015), caracterizadas por franjas de edad preponderante, una u otra distribución por sexos, niveles socioeducativos y socioeconómicos, origen y localización geográfica diferenciada, etc.

3.3. Líneas estratégicas

La estrategia se desarrolla en cuatro líneas estratégicas definidas que se agrupan en torno a la idea del compromiso, la red de equipamientos, los servicios y programas, y por último la formación, comunicación y trasferencia.

Línea 1. Pacto por la inclusión

Define los niveles para adoptar un compromiso por la inclusión desde los diferentes agentes implicados en el ocio de la juventud con discapacidad.

Línea 2. Red de infraestructuras y equipamientos

Espacios y dotaciones, tanto públicos como privados, que posibiliten la realización de y el acceso a diferentes manifestaciones de ocio por parte de la juventud con discapacidad.

Línea 3. Servicios y programación de ocio

Línea que se refiere al diseño e implementación de la oferta de ocio, atendiendo a las necesidades y demandas de la juventud con discapacidad en los programas y actividades.

Línea 4. Formación, aprendizaje, trasferencia y comunicación

Contempla el conjunto de las estrategias y acciones de formación, aprendizaje, trasferencia y comunicación en torno a la inclusión en ocio para la juventud con discapacidad.

La figura 2 describe de forma sintética los tres ejes, los cinco principios y las cuatro líneas que configuran la estrategia de promoción de la inclusión en ocio para las personas jóvenes con discapacidad.

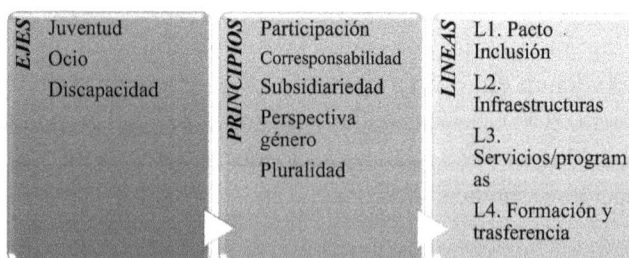

Figura 2. Componentes de la estrategia. Fuente: Elaboración propia

4. Desarrollo de la estrategia

En este apartado se desarrolla la estrategia. Para cada línea estratégica definida se concreta el objetivo principal y se describen un conjunto de recomendaciones que el equipo de investigación, teniendo en cuenta las aportaciones de los diferentes agentes que han intervenido en el estudio, ha considerado más prioritarias para favorecer y promover la inclusión en ocio de la juventud con discapacidad.

Línea 1. Pacto por la inclusión

El objetivo de esta línea es fomentar la inclusión como transmisor de valores (diversidad, tolerancia y respeto) tomando como referencia a los países más avanzados en esta materia. Teniendo en consideración que asumir la inclusión en ocio implica cambios actitudinales, actualización de conceptos, aprendizaje de nuevos modos de hacer, y el compromiso con el desarrollo de una gestión en ocio inclusiva.

- Asumir el compromiso de la inclusión desde las administraciones, las políticas y el sistema social en su conjunto y socializar el compromiso de las diferentes instituciones por la inclusión en ocio de la juventud con discapacidad.
- Crear un equipo de trabajo asesor en el que participen instituciones y entidades implicadas en el ocio de la juventud que preste especial atención al colectivo de jóvenes con discapacidad y organizar encuentros de carácter periódico en los que se trabaje la inclusión en ocio de la juventud con discapacidad.
- Diseñar un centro de recursos que sirva como referencia, apoyo y asesoramiento en materia y cuestiones relacionada con el ocio y la discapacidad.
- Introducir en las leyes de juventud el derecho al ocio de la juventud con discapacidad.
- Considerar en los concursos públicos el grado de conocimiento sobre la inclusión e introducir en las ofertas de contratación la presencia de la inclusión como requerimiento insertado en los proyectos.
- Orientar a las asociaciones de juventud para que junto al tejido asociativo de la discapacidad promuevan la participación activa de la juventud

con discapacidad en el marco de sus actividades asociativas y en y con la comunidad.

Línea 2. Red de infraestructuras y equipamientos

El objetivo de esta línea es aumentar el grado de inclusión física, comunicativa y social en las infraestructuras y equipamientos de ocio en los que se ofrecen servicios, programas y actividades de ocio a personas jóvenes con o sin discapacidad.

- Exigir el cumplimiento de la legislación en materia de accesibilidad. Sugerir revisiones de la legislación y que se incorporen y regulen más aspectos relacionados con la accesibilidad cognitiva y social.
- Contar con asesores especializados para diseñar espacios de ocio accesibles e inclusivos.
- Establecer convenios entre equipamientos e infraestructuras de ocio con asociaciones de discapacidad, con carácter estable, para fomentar el uso continuado de recursos comunitarios por parte de la juventud con discapacidad.
- Prestar especial atención al acceso a equipamientos e infraestructuras de ocio por parte de la juventud con discapacidad residente en el medio rural.
- Evaluar y difundir el grado de accesibilidad física, comunicativa, cognitiva y social del transporte urbano e interurbano para garantizar la movilidad a los espacios de ocio.
- Evaluar y difundir el grado de accesibilidad física, comunicativa, cognitiva y social de los equipamientos de ocio para garantizar un mayor uso de equipamientos comunitarios de ocio por parte de la juventud con discapacidad.

Línea 3. Servicios y programación

Esta línea pretende elevar la tasa de participación en la oferta de ocio comunitaria equiparando las oportunidades de acceso a la oferta para que pueda haber una mayor participación de la juventud con discapacidad con garantías de disfrute y satisfacción.

- En el diseño de la programación para la juventud considerar desde el inicio la participación de personas jóvenes con discapacidad. Además, garantizar la existencia de una oferta de ocio variada, plural y continuada en el tiempo que desarrolle condiciones de accesibilidad y garantice la participación de la juventud con discapacidad.

– Elaborar un manual en el que se definan los elementos que debe de tener un programa de ocio para toda la ciudadanía y divulgarlo entre los profesionales del ocio. Ello implica acotar y concretar los indicadores de una intervención inclusiva que garantice la participación y las oportunidades para todas las personas jóvenes.

– Equilibrar el consumo de ocio activo y pasivo entre la juventud con discapacidad, así como posibilitar el acceso a la oferta de ocio casual. Además, promover la práctica de un ocio serio (comprometido y que le identifique como persona) en la juventud con discapacidad.

– Incentivar fórmulas que favorezcan que la juventud con discapacidad experimente nuevas prácticas de ocio y se fidelice a ellas.

– Introducir condiciones de accesibilidad en la oferta extraescolar para que participe el alumnado con discapacidad.

– Evaluar y difundir el grado de accesibilidad física, comunicativa y social de la oferta de los servicios de ocio.

Línea 4: formación, aprendizaje, trasferencia y comunicación

El objetivo de esta línea es ampliar el conocimiento y la formación acerca de las necesidades en ocio de la juventud, derivadas de la presencia de una discapacidad. Ello implica para los profesionales un aprendizaje permanente y concretar acciones de trasferencia para difundir buenas prácticas. En las acciones de comunicación y difusión, estas deben dirigirse a la juventud con discapacidad teniendo en cuenta tanto las adaptaciones requeridas en el contenido como en el uso de los diferentes soportes accesibles. Para ello deberán tenerse en cuenta las tecnologías de la información y la comunicación, así como las tecnologías promotoras del aprendizaje.

– Comprometerse a que en todas las estadísticas relativas a juventud esté incluido el tipo de discapacidad como variable independiente.

– Elaborar indicadores concretos que clasifiquen la oferta de ocio y le asignen un grado de inclusión en aspectos relacionados con necesidades físicas, comunicativas, cognitivas y/o sociales.

– Generar y mantener actualizada una base de datos de buenas prácticas sobre ocio, juventud y discapacidad en entornos digitales, que sea abierta y esté disponible para cualquier profesional que trabaje en dicho ámbito.

- Identificar las necesidades formativas de los profesionales que intervienen en cada uno de los ámbitos del ocio y la juventud y definir un plan de formación homologado por el Gobierno Vasco.
- Adecuar el lenguaje, el formato y los soportes de difusión de todas las acciones sobre temas relacionados con el ocio para jóvenes con diferentes tipos de discapacidad.
- Desarrollar soportes adaptados que posibiliten aplicar tecnologías de la información y la comunicación y el aprendizaje a experiencias de ocio.

CONCLUSIONES

A modo de conclusión, conviene retomar el punto de partida de este texto y desarrollar una estrategia de promoción de la inclusión en ocio de la juventud con discapacidad. Desde el inicio se apuntaba la importancia del ocio como ámbito de desarrollo humano, la juventud como ciclo vital relevante para la autonomía e independencia de la persona adulta y la discapacidad como circunstancia basada en la diversidad que no le debe restar el ejercicio del derecho al ocio.

La estrategia se enmarca y es el resultado de un trabajo más amplio que ha recogido datos, condiciones de inclusión de la oferta comunitaria y asociativa y las opiniones de los diferentes agentes implicados en la promoción de la inclusión en ocio de la juventud con discapacidad. Se apoya en los principios de participación, corresponsabilidad, subsidiariedad, perspectiva de género y pluralidad; y se ha diseñado en torno a las líneas de compromiso con la inclusión, las infraestructuras y equipamientos, los servicios y programas, y la de formación en esta materia objeto de estudio.

Referencias

Ainscow, M. y Gómez Hurtado, I. (2014). Hacia una escuela para todos. *Investigación en la escuela, 82,* 19–30.

Ainscow, M., Dyson, A. & Weiner S. (2013). From Exclusion to Inclusion: a review of international literature on ways of responding to students with special educational needs in schools. *En-clave pedagógica: Revista internacional de Investigación e Innovación Educativa, 13,* 13–30.

Banco Mundial. (2017). *Disability Inclusion.* http://www.worldbank.org/en/topic.

Bogenschutz, M., Amado, A., Smith, C., Carter, E., Copeland, M., Dattilo, J., Gaventa, B., Hall, S., McManus, M., Quraishi, S., Romer, L. & Walker, P. (2015). National Research

Goals for Social Inclusion of People With IDD. *Inclusion,* 3(4), 211–218. https://doi. org/10.1352/2326-6988-3.4.211.

Booth, T., Ainscow, M., Black-Hawkins, K., Vaughan, M. y Shaw, L. (2000). *Índice de inclusión. Desarrollando el aprendizaje y la participación en las escuelas.* Unesco/Oficina Regional de Educación para América Latina y el Caribe.

Booth, T. y Ainscow, M. (2015). *Guía para la educación inclusiva: desarrollando el aprendizaje y la participación en los centros escolares.* FUHEM, OEI.

Brugué, Q. (2018). Los ritmos y los tumbos de la participación ciudadana. *Cuadernos Manuel Giménez Abad,* 16, 154–165.

Chair of Leisure and Disability (2019). *Inclusive Leisure Manifesto.* Universidad de Deusto.

Comité Español de Representantes de Personas con Discapacidad. (CERMI). (2020). *Crear un futuro mejor para las personas y el planeta: una reflexión estratégica desde el movimiento asociativo de la discapacidad.* Colección Inclusión y Diversidad, 28. Ediciones CINCA.

Comité Español de Representantes de Personas con Discapacidad. (CERMI). (2007). *Claves para entender la Convención Internacional sobre derechos de las personas con discapacidad.* https://www.cermi.es/es/actualidad/noticias/el-cermi.

Dattilo, J. (2018). *Leisure inclusive services.* Venture.

Dattilo, J., Siperstein, G. N., McDowell, E. D., Schleien, S. J., Whitaker, E. B., Block, M. E., Spolidoro, M., Bari, J., & Hall, A. (2019). Perceptions of Programming Needs for Inclusive Leisure Services. *Journal of Park and Recreation Administration,* 37(4), 70–91. https://doi. org/10.18666/JPRA-2019-9514.

Díaz, A. (2017). Participación ciudadana en la gestión y en las políticas públicas. *Gestión y Política Pública,* 26(2), 341–379.

Doistua, J., Lazcano, I. & Madariaga, A. (2020). Self-Managed Leisure, Satisfaction, and Benefits Perceived by Disabled Youth in Northern Spain. *Frontiers in Psychology, section Educational Psychology.* 11(716), 1–10. https://doi.org/10.3389/fpsyg.2020.00716

Flores, N. y Fernández, A. El empoderamiento de las mujeres con diversidad funcional como estrategia de intervención social. En M. Silvestre., R. Royo y E. Escudero *(Eds.).* (2014). *El empoderamiento de las mujeres como estrategia de intervención social.* (Vol. 17). (pp. 163–178). Universidad de Deusto.

Echeita, G. (2017). Educación inclusiva. Sonrisas y lágrimas. *Aula Abierta,* 46(2), 17–24.

Echeita, G., Messiou, K., Ainscow, M., Golridck, S., Hope, M., Paes, I., Sandoval, M., Simón, C. & Vitorino, T. (2016). Learning from differences: a strategy for teacher development in respect to student diversity. *School Effectiveness and School Improvement,* 27(1), 45–61. https://doi.org/10.1080/09243453.2014.966726

Gil Calvo, E. (2005). *El envejecimiento de la juventud.* De Juventud núm. 71 INJUVE.

González-Anleo, J. y González, P. (Coord.) (2010). *Jóvenes españoles 2010.* Fundación SM.

Jorgensen, C. M., Bates, K., Frechette, A. H., Sonnenmeier, R. M. & Curtin, J. (2011). Nothing about us without us: "Including people with disabilities as teaching partners in university courses". *International Journal of Whole Schooling,* 7(2), 109–126.

Lazcano, I., Madariaga, A. & Romero, S. (2018). Differences in youths perception of barriers for leisure activities. In M. M. Baptista, M. J. Alves & A. R. Alves de Almeida (Coords.).

*Ócios e Resistências: Crescer e Envelhecer em Contextos Culturais Diverso*s (pp. 1067–1076). Gracio editor.

LIONDAU (2003). Ley 51, de igualdad de oportunidades, no discriminación y accesibilidad universal de las personas con discapacidad, (2003). https://www.boe.es/buscar/act. php?id=BOE-A-2003-22066.

López, J. A. (2010). Ocio, consumo y medios de comunicación. En J. González-Anleo y P. González (Coord.). *Jóvenes españoles 2010*. (229–298). Fundación SM.

Moriña, A. (2015). Inclusive university settings? An analysis from the perspective of students with disabilities. *Cultura y Educación, 27*(3), 569–694. https://doi.org/10.1080/11356 405.2015.1072361

Navas, P., Verdugo, M. A., Martínez, S., Sainz Modinos, F., y Aza Hernández, A. (2017). Derechos y calidad de vida en personas con discapacidad intelectual y mayores necesidades de apoyo. *Siglo Cero, 48*(4), 7–66.

Organización de Naciones Unidas. (2006). *Convención sobre los Derechos de las Personas con Discapacidad*. https://www.un.org/esa/socdev/enable/documents/tccconvs.pdf

Organización Mundial de la Salud. (2001). *Clasificación Internacional del Funcionamiento, de la Discapacidad y de la Salud* (CIF). IMSERSO.

Parrilla, A. y Sierra, S. (2015). Construyendo una investigación inclusiva en torno a las distintas transiciones educativas. *Revista electrónica interuniversitaria de formación del profesorado, 18*(1), 161–175. https://doi.org/10.6018/reifop.18.1.214381

Parrilla, A., Sierra, S. y Fuiza, M. (2019). Investigación Participativa con Jóvenes con Discapacidad Visual: Cuando los Relatos de Exclusión e Inclusión Salen a la Calle. *Educación Inclusiva para la Justicia Social, 8*(2), 49–64. https://doi.org/10.15366/riejs2019.8.2.003

San Salvador del Valle, R. (2000). *Políticas de ocio*. Documentos de Estudios de Ocio, núm. 17. Universidad de Deusto.

Schalock, R. L. y Verdugo, M. A. (2007). El concepto de calidad de vida en los servicios y apoyos para personas con discapacidad intelectual. *Siglo Cero. Revista Española sobre discapacidad intelectual, 38*(4), 224, 21–36.

Schalock, R. L., Luckasson, R., & Tassé, M. J. (2019). The contemporary view of intellectual and developmental disabilities. Implications for psychologists. *Psicothema, 31*(3), 223–228. https://doi.org/10.7334/psicothema2019.119

Stainback, S. y Stainback, W. (1999). *Aulas inclusivas: un nuevo modo de enfocar y vivir el currículo*. Narcea Ediciones.

Tejerina, B., Carbajo, D. y Martínez, M. (2012). *El fenómeno de las lonjas juveniles. Nuevos espacios de ocio y sociabilidad en Vitoria-Gasteiz*. Informes del CEIC.

Verdugo, M. A., Schalock, R. (Coord.) (2013). *Discapacidad e Inclusión: manual para la docencia*. Amarú Ediciones.

Wolfensberger, W. P. J. (2011). Social role valorization: A proposed new term for the principle of normalization. *Intellectual and developmental disabilities, 49*(6), 435–440. https://doi. org/10.1352/1934-9556-49.6.435

World Leisure Organization. (2020). *Carta de WLO sobre Ocio*. https://www.worldleisure.org/ charter.

OCIO INCLUSIVO PARA JÓVENES EN DIFICULTAD SOCIAL

Ángel De-Juanas Oliva[1]

Francisco Javier García-Castilla[1]

Pilar Rodrigo-Moriche[2]

María Victoria Pérez de Guzmán[3]

[1]Universidad Nacional de Educación a Distancia

[2]Universidad Autónoma de Madrid

[3]Universidad Pablo de Olavide

1. Introducción

En el marco de las sociedades democráticas, fortalecer las trayectorias individuales representa un desafío a corto, medio y largo plazo que contribuirá a visibilizar a los colectivos cuyos problemas no existen para gran parte de la opinión pública. A su vez, permitirá aumentar la justicia de nuestra vida social. En todo ello, el encuentro entre iguales y las relaciones intergeneracionales que se producen en los espacios y tiempos de ocio constituyen una ocasión privilegiada para reconocernos, para cuidarnos y para crecer como sociedad. Gracias al ocio tenemos la ocasión de reencontrarnos y disfrutar mutuamente, especialmente, tras la crisis provocada por la pandemia de COVID-19. Entre los jóvenes, el tiempo y los espacios de ocio merecen la pena cuando se comparten con iguales, pero cabe preguntarse si realmente no merecen más la pena aquellos escenarios y manifestaciones de ocio en los que se dan interacciones entre los que no son iguales y presentan capacidades diferentes. En el caso de los jóvenes en dificultad social, la identificación emocional, el sentido de pertenencia a un grupo de referencia y la individualidad se hacen necesarios al experimentar la adolescencia y, más aún, en condiciones sociales y personales adversas.

Ello no permite a este colectivo conocer a otros tal y como son; tampoco permite a otros jóvenes ni a los adultos conocer a este colectivo ni apreciar la diversidad y la diferencia. Por lo que la riqueza de las relaciones sociales se ve comprometida influyendo en la vida en común que tenemos como ciudadanos.

De ahí, las relaciones que ocurren durante el ocio son una condición de oportunidad para la sociedad en general y para los jóvenes en dificultad social en particular, que más allá de sus intereses e inquietudes pueden estar seriamente condicionados por la situación social y cultural en la que se desarrollan sus propias vidas (Dattilo, 2017). Además, el contexto en el que acontecen sus trayectorias de vida es particular y diferenciado por una elevada complejidad e incertidumbre, por una procedencia de familias de origen y comunidades multiproblemáticas y por la presentación de niveles de precariedad notorios que, en muchas ocasiones, derivan en situaciones de maltrato y negligencia, dando lugar, incluso a que un Estado pueda asumir su tutela (García-Castilla, Melendro y Blaya, 2018). Otro de los rasgos de estos jóvenes es la existencia de trastornos de conducta que se presentan asociados a problemáticas tales como el absentismo escolar, la generación de episodios violentos en casa y en la calle, el consumo de sustancias psicoactivas, fugas de domicilio y/o un fuerte descontrol en la planificación de sus propios tiempos (De-Juanas, García-Castilla y Rodríguez-Bravo, 2018).

En este entorno complejo se reconoce el valor del ocio como fuente de desarrollo, autorrealización y satisfacción personal con un gran potencial para estimular la participación social y canalizar la intervención con los jóvenes (Autry & Watts, 2020; Cuenca, 2014; Csikszentmihalyi, 2020). También, se reconoce como un área de trabajo primordial para las diferentes políticas mundiales de juventud (Wilson, 2019). Con todo, en los últimos años, el estudio e investigación sobre el tiempo de ocio en la construcción de la identidad de los jóvenes en dificultad social y su proyecto existencial ha cobrado una gran importancia (De-Juanas y García-Castilla, 2018) y ha permitido profundizar en los principales beneficios asociados a las prácticas de ocio inclusivo de calidad. En este capítulo, en un ejercicio de transferencia a la sociedad de las investigaciones realizadas hasta la fecha, se ponen en valor las oportunidades del ocio inclusivo para los jóvenes en dificultad social, se destacan diferentes claves para la intervención socioeducativa desde las manifestaciones de ocio y se presentan aspectos esenciales para la gestión, aprovechamiento y evaluación del ocio de este colectivo.

1.1. Cuestiones previas sobre las oportunidades del ocio inclusivo para los jóvenes en dificultad social

La vivencia plena y satisfactoria del tiempo libre contribuye a que los jóvenes en dificultad social puedan descubrir nuevos intereses, afirmar valores personales y generar ideales sociales (Roult, Royer, Auger & Adjizian, 2015). La práctica de un ocio valioso debe estar acompañada de valores positivos que beneficien a las personas, colectivos y comunidades. De un modo sencillo, el ocio valioso puede entenderse como aquel que resulta beneficioso para cualquier joven que estando en situación de riesgo social o no, le permite representar valores necesarios para una adecuada socialización e inclusión social como son, por ejemplo, la responsabilidad, la solidaridad, el trabajo en equipo, dinámicas de cooperación, esparcimiento, satisfacción y fluir de emociones (De-Juanas, García-Castilla y Rodríguez-Bravo, 2018). Las alternativas de ocio valioso e inclusivo pueden ser muchas, siendo algunas actividades las que ocupan un lugar preferente como es el caso de la realización de actividades físicas y deportivas, actividades culturales, la práctica de diferentes *hobbies* entre los que se encuentra el ocio digital y/o pasar tiempo con amigos, con sus parejas o con sus familiares.

Por otro lado, desde marzo de 2020, tras la declaración del estado de pandemia por parte de la Organización Mundial de la Salud debido al aumento internacional de casos de COVID-19, las alternativas de ocio que implicaron el contacto humano se vieron reducidas y se potenciaron aquellas que permitieron el contacto virtual, desde la distancia, mediante tecnologías digitales como es el caso de los juegos en línea o bien las redes sociales. No obstante, esta situación supuso un incremento del aislamiento social que empezó a mostrar su impacto en la salud mental de los jóvenes (Liang, Ren, Cao et al., 2020). De hecho, diferentes expertos consideran que el impacto de la pandemia dejará una huella importante en la salud física y mental de los jóvenes, especialmente entre aquellos más vulnerables (Galea, Merchant & Lurie, 2020; Ornell, Schuch, Sordi & Kessler, 2020).

Pero al margen de la pandemia, estos jóvenes no siempre han podido y pueden realizar aquellas actividades de ocio que les gustaría hacer. Esta es una realidad fehaciente, ya que existen varios factores que dificultan que los jóvenes puedan desenvolverse en sus manifestaciones de ocio preferidas. Aunque se trata de un problema multifactorial, la investigación pone de relieve que desde el punto de vista de los jóvenes y de aquellos que trabajan con ellos, el factor más destacado y principal motivo para que no puedan realizar sus actividades de ocio preferidas es de origen sociológico, y tiene relación directa con la falta de recursos económicos y su nivel cultural, dado que un gran número de jóvenes muestran fracaso en el sistema educativo reglado (García-Castilla, De-Juanas y López-Noguero, 2016). Aunque también existen factores sociales y psicoeducativos, tales como la falta de entornos adaptados, así como aquellos procesos internos de las personas que pueden afectar tanto en el ámbito familiar como en el escolar y social; todos ellos asociados a una trayectoria vital compleja que dificulta en gran medida el desempeño de actividades de ocio inclusivo que son de mucho interés para este colectivo (Díaz-Esterri, De-Juanas, Goig-Martínez y García-Castilla, 2021).

En estas circunstancias es fundamental que la sociedad pueda generar recursos que ayuden al desarrollo humano de estos jóvenes mediante el ocio, pero también debe ser capaz de transmitir que existe una preocupación por ellos y por su cuidado. Para ello, entre otras acciones se debe potenciar la generación de oportunidades de ocio inclusivo valioso. Un ocio que les interese y los motive, pero, sobre todo, un ocio basado en un conjunto de actividades lúdicas y culturales que generen oportunidades de cambio, promoción personal, participación y experiencias de aprendizaje permanente. En muchas ocasiones, se trata de un tipo de ocio latente que los jóvenes desconocen o al que se han acercado mínimamente. También, puede ser que los jóvenes se encuentren realizando actividades de ocio que les gustan, pero quizá no hayan terminado de ser verdaderas oportunidades de ocio valioso por el enfoque que han tenido en su desarrollo y puesta en marcha. Al respecto, pensamos que es pertinente aclarar que, en gran medida, el ocio inclusivo valioso no depende únicamente de los recursos con los que se cuenta sino de la capacidad que tiene la propia actividad *per se* y, llegado el caso, aquellos que las facilitan y/o dirigen para influir un cambio en las vidas de los jóvenes.

Existen muchas actividades de ocio, pero no todas pueden ayudar a los jóvenes a cambiarles la vida ni pueden dotarles de herramientas para que ellos también puedan cambiarla de manera independiente, en constante interacción y en el marco de una relación sana, comprensiva y segura. Crear oportunidades de crecimiento personal con un significado específico y maximizar las oportunidades de ocio inclusivo debe ser misión de aquellos profesionales que trabajan con los jóvenes (De-Juanas et al., 2020). Una adecuada intervención socioeducativa mediante el ocio podrá asentar, en el conjunto de todas las ocasiones que así se presten, espacios de vida y experiencias enriquecedoras para el logro de transiciones a la vida autónoma de los jóvenes en dificultad social.

2. Componentes de las experiencias de ocio inclusivo para jóvenes en dificultad social

A menudo nos preguntamos cuáles son los elementos fundamentales que pueden servir para convertir una actividad de ocio en una oportunidad de inclusión y cambio social en jóvenes en dificultad social y en los contextos en los que se desenvuelven. La literatura científica trata de explicar algunos componentes que contribuyen a una mejora de la intervención socioeducativa mediante el ocio inclusivo. Más adelante, abordaremos aquellos aspectos que permiten diseñar estas actividades y también cómo evaluar si han logrado aquello que se pretendía, pero en este apartado trataremos de recoger algunos de los componentes más relevantes que actúan como claves y condiciones que, bajo nuestro punto de vista, contribuyen especialmente en la preparación de escenarios que mejoran las experiencias de ocio inclusivo que se realizan con los jóvenes que viven realidades de dificultad social (Figura 1). En definitiva, se trata de una serie de componentes que empoderan a estos jóvenes y que los preparan, en el marco de un entorno lúdico para el tránsito a la vida adulta.

Figura 1. Modelo de principales componentes en las experiencias de ocio inclusivo para los jóvenes en dificultad social. Fuente: Elaboración propia

2.1. Acompañamiento

En el camino hacia la autorrealización de los jóvenes en dificultad social, la práctica de la intervención socioeducativa pone de relieve la necesidad de que muy pocos de estos jóvenes pueden resolver sus problemas sin ayuda de nadie. En este sentido, el acompañamiento y la interrelación que ocurre en estos jóvenes por parte de aquellos educadores sociales, trabajadores sociales u otros profesionales que trabajan con ellos, es un componente clave para mejorar los procesos de emancipación, la participación activa en la sociedad, potenciar el autocontrol y generar situaciones positivas que pueden considerarse de crecimiento y resiliencia frente a estados complejos y amenazantes sobre la estructura personal y familiar de estos jóvenes. Con frecuencia, gracias al acompañamiento, los profesionales que trabajan con ellos se convierten en los principales referentes adultos próximos efectivos que les ayudan a superar situaciones de fragilidad dado que, en muchos casos, no pueden hacer usos de su red familiar. En definitiva, este acompañamiento pone al alcance del joven a una persona dispuesta, sobre la que construir confianza, tener confidencialidad, crear un vínculo afectivo, sentirse escuchado y aconsejado, aprender y desarrollarse con más seguridad ampliando su red social (Bowlby, 1993; Fernández-Simo y Cid, 2017).

Por ello, para intervenir mediante actividades de ocio de forma eficaz frente a las dificultades sociales y ante la actual situación de la pandemia, se requiere actitud y un fuerte compromiso durante los procesos de acompañamiento. Estas condiciones son necesarias por parte de los profesionales que actúan con el colectivo de jóvenes en dificultad social. La actitud y compromiso debe corroborarse al tener en consideración una visión global de la situación de estos jóvenes que han vivido en un mundo en el que han podido ser, entre otros, objeto de abusos y abandonos por parte de los adultos que los rodean. Tait y Wosu (2015) valoraron estas condiciones como parte necesaria del proceso de intervención y que, sin duda, permite transmitir seguridad a los jóvenes al preocuparnos por ellos y por su cuidado. Al respecto, tanto la actitud como el compromiso en el marco de un acompañamiento integral pueden y deben ponerse de manifiesto en la adecuada planificación del ocio inclusivo como indicador subjetivo de desarrollo humano (Sanz et al., 2019) y recurso de intervención socioeducativa.

2.2. Participación e interacción con otros

Relacionado con los procesos de acompañamiento, se encuentra el componente de creación de oportunidades de participación e interacción con otros. Este componente parte del presupuesto de que el ocio inclusivo será más valioso en la medida en la que los jóvenes en dificultad social pueden sentirse conectados con otros jóvenes y adultos en un entorno seguro. La creación y posterior consolidación de redes sociales de apoyo es un logro que los jóvenes pueden alcanzar mediante la propuesta de actividades de ocio que fomenten la interacción con otros. Buscar este componente para situarlo como uno de los ejes de la intervención mediante el ocio inclusivo es una de las mejores maneras de ayudarlos, apoyarlos y empoderarlos, dado que permiten el establecimiento de redes de apoyo social que pueden ser consideradas como un factor de protección, generar vínculos de reciprocidad, sentimientos de afecto y constituirse en verdaderos refugios contra el desamparo.

Este componente contribuye a que las actividades de ocio inclusivo puedan empoderar y cambiar la trayectoria de vida de los jóvenes, así como a la comunidad en la que se desarrollan (Soler, 2020). Para ello, hay que tener en consideración la cultura y el entorno en el que se van a proponer y preparar las actividades de ocio para llevarlas a cabo en el momento oportuno. También, es recomendable conocer los gustos e intereses de los jóvenes para darles espacio libre y generar oportunidades de interacción en entornos atractivos. Dentro de la vida cotidiana de los jóvenes, las prácticas de ocio digital están permitiendo la interrelación entre ellos mediante la utilización de vídeo-juegos y creación de redes sociales que los ponen en conexión en distintos espacios y tiempos. Estas formas de ocio, tal y como indica Lasén (2020, p. 61) "implican a amigos, conocidos, extraños, y también a esa suerte de desconocidos íntimos que son aquellas personas con las que estamos conectados en redes y foros, de quienes conocemos nombre, alias y fotos, con quienes jugamos, de los que vemos fotos y vídeos, o con quienes intercambiamos bromas y pesadumbres". Sin duda, las posibilidades digitales han supuesto una ruptura de fronteras espacio-temporales y ello ha estimulado la generación de relaciones mediadas por la tecnología y la creación de nuevas formas de participación en actividades, así como relaciones de ocio juvenil que aumentan la motivación, permiten a los jóvenes evadirse de la rutina y tener sensaciones inmediatas de logro y satisfacción, etc. (De-Juanas, García-Castilla y Rodríguez-Bravo, 2018). Pese al éxito y atractivo que tienen estas actividades entre los jóvenes, en muchas ocasiones son acciones poco constructivas y enriquecedoras, al contrario que otras alternativas de ocio que, dentro de este componente, juegan un papel relevante como son las actividades culturales y de ocio creativo que, mediante acciones como la visita a espacios históricos, la realización de obras teatrales, el cine, etc., contribuyen al desarrollo emocional y a la construcción de la identidad social. No debemos olvidar que estas actividades pueden llevar a los jóvenes a interaccionar con otros iguales, pero también a relacionarse con adultos y adultos-mayores en aras de favorecer actividades de ocio intergeneracional que generen aprendizajes valiosos entre los jóvenes como resultado de las experiencias de los más mayores, sean familiares o no. Desde esta perspectiva, la interacción con otros puede tener un amplio impacto si se generan las adecuadas sinergias para la construcción de la individualidad del joven en dificultad social, dado que la relación entre diferentes generaciones se ve mediatizada por aquellos factores sociales, económicos, políticos y culturales que los identifican y a su vez los diferencian; lo que permite quizá mediante acciones solidarias y de voluntariado crear una impronta generacional, así como aceptar y disentir de diferentes modos de afrontamiento a problemas a los que los jóvenes se deben enfrentar (Barbieri, 2014; Gutiérrez y Hernández, 2013; Pieris, 2020).

El desarrollo de acciones solidarias y de voluntariado pone de manifiesto los beneficios intangibles de la vida comunitaria y del protagonismo social que los jóvenes en dificultad social pueden tener mediante el desarrollo de la participación ciudadana y el compromiso con la sociedad. En este sentido, la colaboración entre administraciones y diferentes entidades y organizaciones sociales juega un papel relevante para poner en marcha este componente que permite la participación de lo común, en un mismo entorno y el disfrute de una serie de valores, conocimientos y competencias personales básicas para estos jóvenes (Lazcano y San Salvador, 2018).

2.3. Bienestar y hábitos saludables

Durante la adolescencia, muchos jóvenes tienen comportamientos de riesgo y antisociales, buscan sensaciones más fuertes, consumen diferentes sustancias y responden de manera desaprensiva a las posibles expectativas que otros iguales tienen sobre ellos. Por lo general, estos comportamientos que los llevan a ser más agresivos en grupo suelen ser resultado de sus condiciones individuales y socioculturales. En definitiva, son más imprudentes, corren más riesgos buscando recompensas que los hacen sentirse más seguros de sí mismos y crean vínculos con su propio mundo de jóvenes afines. Por otro lado, en la actualidad, en esta búsqueda de su propio mundo, los jóvenes son nativos digitales y pueden crear diferentes "mundos" y espacios en los que rodearse de otros en la soledad gracias a las redes sociales. El auge de las redes sociales y las tecnologías de la comunicación como modo de entretenimiento está influyendo en el comportamiento de los jóvenes, favorece los estilos de vida sedentarios y altera sus identidades hacía la búsqueda de los comentarios positivos que los satisfacen y los motivan para seguir haciéndolos (Ruiz & De-Juanas, 2013). Estas formas de ocupar el tiempo derivan en un tipo de ocio poco valioso que en muchas ocasiones genera sufrimiento, desesperación, poco crecimiento personal y atenta contra su propia salud.

A pesar de todo, los jóvenes son muy receptivos a las manifestaciones de ocio saludables y que guardan una estrecha relación con la actividad física-deportiva. La práctica de deporte y actividad física se ha popularizado por sus beneficios asociados a la promoción y mantenimiento de la salud general. Como es sabido, el deporte genera endorfinas que son altamente adictivas para los jóvenes, a la par que permite que se adquieran hábitos saludables que los podrán acompañar a lo largo de toda su vida y que promueven el bienestar físico, previenen y mejoran los problemas de salud, así como el funcionamiento cognitivo (Cooper, 2020; Vella et al., 2021). Igualmente, en los últimos tiempos ha aumentado la práctica de actividad físico-deportiva relacionada con la mejora de la imagen corporal, especialmente en las chicas (Valdemoros-San-Emeterio, Sanz y Ponce de León, 2012; Zullig & White, 2011). A su vez, el deporte está lleno de oportunidades que fomentan la adquisición y el desarrollo de comportamientos prosociales que permiten sacar a los jóvenes de algunos peligros de su entorno y favorecer su inclusión social tal y como lo corroboran diferentes estudios (Chalip & Hutchinson, 2016; Haudenhuyse, Theeboom & Coalter, 2012; Haudenhuyse, Theeboom y Nols, 2013; Jiménez, 2012). Además, varios estudios corroboran que la práctica deportiva es una de las actividades de ocio más importantes y mejor valoradas por los jóvenes más vulnerables y que permite el desarrollo de competencias para la vida (Fraguela, De-Juanas y Franco, 2018; López-Noguero et al., 2016; Lubans, Plotnikoff & Lubans, 2012).

Con todo, uno de los componentes más relevantes de las experiencias de ocio inclusivo debe ser el fomento del bienestar físico y emocional de los jóvenes en dificultad social. Esta manifestación de ocio se desarrolla de manera preferencial en la realización de actividades deportivas colectivas e individuales, pero también en aquellas otras que promueven un ocio ecológico y medioambiental y que implica huir del sedentarismo, relacionarse con otros y promover hábitos de cuidado y alimentación positivos para los jóvenes.

2.4. Disfrute

El componente lúdico es una de las condiciones más atractivas de cualquier actividad de ocio y la diversión es un elemento muy importante que, entre otras cosas, sirve para tener un tiempo de recreo necesario y sano, pero divertirse es diferente de disfrutar. El disfrute va más allá de la diversión y permite que estos jóvenes puedan desarrollarse en su estadio vital, mientras aprenden y mejoran lo que en ocasiones puede estar alejado de la mera diversión. Para poder intervenir eficazmente en este componente se debe recurrir a estrategias que predispongan a los jóvenes al cambio y la mejora que produce la motivación intrínseca. Esta motivación, algunos de estos jóvenes, la encuentran en algunas actividades de ocio más individuales como, por ejemplo, ver la televisión, escuchar música o leer.

Al respecto, Beltrán y Pérez (2004) indicaron cuatro líneas motivacionales estratégicas que pueden ser aplicadas con los jóvenes que se enfrentan a cualquier situación de aprendizaje que pueda estar presente en la adquisición de alguna competencia y, porque no, en el desarrollo de actividades de ocio inclusivo. La primera de estas líneas o aspectos es la curiosidad. La curiosidad es un elemento fundamental para fomentar el cambio y el deseo de aprender. La segunda línea es el desarrollo de la confianza en la competencia personal; dado que para disfrutar es fundamental sentir que se puede lograr realizar algo gracias a una percepción de autoeficacia necesaria para cualquier ser humano. Posibilitar la confianza permitirá a estos jóvenes maximizar los éxitos y minimizar los fracasos. Aquí, el componente de acompañamiento juega un papel relevante para reforzar a los jóvenes y conducirlos a un sentimiento de satisfacción con ellos mismos, con los cambios y logros que van adquiriendo gracias a las experiencias de ocio inclusivo que se les facilitan. Otra línea estratégica es el desafío o reto, a menudo las experiencias de ocio presentan este elemento motivacional. El reto permite que los jóvenes dirijan su atención hacia una meta y, siempre que las tareas necesarias para lograrla en el desarrollo de la actividad de ocio no sean muy superiores a sus habilidades, puede ser un elemento muy motivante. La última línea tiene que ver con las habilidades que los jóvenes tienen para realizar la actividad de ocio y las que pueden aprender. Los jóvenes deben tener la oportunidad de aprender nuevas habilidades y conocimientos mediante una experiencia de ocio inclusivo valioso, ayudándoles a superar sus propias creencias limitadoras.

2.5. Maduración

Se trata de un componente de ajuste al nivel de madurez que para nosotros es uno de los más importantes para el planteamiento y diseño de experiencias de ocio inclusivo valiosas. A menudo, cuando se piensa en actividades de ocio se presta más importancia a la edad, cuando en realidad se debe poner más interés en el nivel de madurez y en el respeto por los espacios y momentos vitales de los jóvenes en dificultad social. El modo de vida de este colectivo es complejo y presenta un cúmulo de factores de riesgo que favorecen el debilitamiento de los resortes personales para afrontar dificultades, aumentan la fragilidad y su nivel de vulnerabilidad (Santibáñez, Ruiz-Narezo y González de Audikana, 2020). Por ello, es esencial comprender el proceso de evolución en maduración y desarrollo como algo dinámico que progresa en momentos sucesivos de acuerdo con las peculiaridades propias que reflejan el modo de ser y comportarse de estos jóvenes de acuerdo con su experiencia vital. Tal y como indican Tarín y Navarro (2006), muchos de ellos presentan escasa capacidad de esfuerzo, especialmente para plantearse objetivos a largo plazo. A su vez, constatan que la capacidad de sacrificio para lograr algo, muchas veces, no está entre sus experiencias vitales más significativas lo que afecta a sus relaciones al nivel de madurez que los define en cada momento de su juventud.

Por otro lado, algunos presentan baja tolerancia a la frustración y se aburren con cierta facilidad. Asimismo, presentan niveles dudosos de autoestima, a veces muestran estados carenciales, pero en otras ocasiones en las que se relacionan con otros pueden evidenciar estados óptimos de autoestima. Con todo y relacionado de manera estrecha con el componente de disfrute, es importante considerar el nivel de madurez de estos jóvenes para adaptar y proponer experiencias de ocio inclusivo que les sean atractivas, así como para establecer las líneas estratégicas de motivación que permitan su empoderamiento y un crecimiento personal óptimo.

2.6. Facilitar aprendizajes

Uno de los componentes primordiales, y que se vincula directamente con el disfrute, es la capacidad de las experiencias de ocio inclusivo por facilitar aprendizajes. Desde finales del siglo pasado, la ciencia considera que los procesos de construcción de conocimientos atienden especialmente a una perspectiva en la que las diferencias e intereses personales cobran una gran relevancia, ya sea en espacios de educación formal más tradicionales como la escuela como en otros espacios no formales e informales (Copley, 1992; Sternberg, 1997). Consecuentemente, el protagonismo recae en las personas que aprenden más que en aquellos que enseñan. Esta manera de ver los aprendizajes también supone un cambio importante para la cultura del ocio valioso predominante en los últimos tiempos. Cada vez más, se plantean experiencias de ocio que facilitan la construcción de aprendizajes entre aquellos que las disfrutan y permiten la adquisición de competencias de manera significativa en las que destaca la capacidad de seguir aprendiendo de manera autónoma a lo largo de toda la vida. Con todo, consideramos que el ocio inclusivo puede ser un instrumento de gran ayuda para tender puentes entre el momento vital en el que se encuentran los jóvenes en dificultad social, sus necesidades y el aprendizaje de competencias que los empoderen y los hagan ser más resilientes. Especialmente porque gracias a los componentes de acompañamiento y de participación e interacción con otros, se producen múltiples aprendizajes que pueden ser adquiridos de manera cooperativa (Johnson y Johnson, 1989); también se adquieren mediante "aprender haciendo" a partir de la generación de múltiples vivencias y simulaciones (Schank, 2002); y, por supuesto, ocurren aprendizajes de manera vicaria (Bandura, 1978), puesto que se posibilitan modelos de imitación que permiten aprender de manera inmediata y sin la necesidad de un proceso de instrucción pormenorizado y excesivamente dirigido. En este contexto, los jóvenes en dificultad pueden lograr la autonomía haciendo, pensando y disfrutando con otros y de otros.

Evidentemente, dentro de este componente en el que se pone de manifiesto la preocupación por facilitar aprendizajes desde las experiencias de ocio y recursos a los jóvenes, cobran gran importancia los intereses y las diferencias personales de cada uno de ellos. También, tienen un mayor impacto aquellas experiencias lúdicas que ponen al alcance de los jóvenes aprendizajes útiles para la vida diaria. La preocupación por la funcionalidad de los aprendizajes nos dirige hacia tres aspectos que resulta inevitable abordar. El primero, el aprendizaje experiencial que tiene una larga tradición educativa a partir de las propuestas de Dewey (1938). Este tipo de aprendizaje es activo, situado y genera cambios en las personas y su entorno a partir de establecer vínculos entre experiencias de ocio inclusivo. El gran logro de esta propuesta se encuentra en que los jóvenes sean capaces de desarrollar competencias que les permitan enfrentarse a situaciones cercanas a la realidad en la que viven y en la que se preparan para el futuro. El segundo es el concepto de transferencia o generalización. La transferencia es la capacidad que tiene la persona para trasladar los conocimientos a contextos, estímulos o situaciones nuevas (Beltrán, 1993). El tercero tiene que ver con el fomento de la capacidad creativa para resolver problemas, plantar nuevos interrogantes y/o crear nuevas obras o productos. Tal y como señala Csikszentmihaly (1998), la creatividad nunca es el logro de una sola persona, por lo que el componente de participación e interacción con otros permite ser creativo cuando se consideran las condiciones individuales de cada uno de los jóvenes, el ámbito cultural donde se encuentran y la acción que desarrollan las instituciones que promueven las experiencias de ocio inclusivo.

Con todo, las experiencias de ocio inclusivo cobran más sentido y serán más valiosas en la medida en que los jóvenes aprendan algo basado en la experiencia, que les sea útil para generar autonomía, que sean capaces de generar soluciones a problemas y romper aquellas creencias que los limiten, así como que aquello que aprendan lo puedan aplicar a una situación nueva.

2.7. Valores sociales

Durante las experiencias de ocio inclusivo, en los procesos de aprendizaje experiencial y en la interacción con otros surgen soluciones a problemas que tienen diferentes alternativas. Con frecuencia los jóvenes en dificultad social tienden a buscar soluciones rápidas dentro de una serie de posibilidades que pueden ser más o menos limitadas. A veces, la falta de herramientas que les permiten estar más empoderados predispone a ello, como también la ausencia de un pensamiento crítico que puede mermar su capacidad para crear respuestas a los problemas que surgen durante la realización de actividades de ocio. Relacionado con todo ello y con la importancia para el desarrollo humano de los jóvenes, durante las experiencias de ocio, se pone en marcha la dimensión axiológica que determina el sistema de valores de cada uno de los jóvenes. De tal modo, entre las experiencias de ocio se encuentran los valores prosociales que mediatizan tanto el desarrollo de actividades de corte social y altruista en las que se busca el bien común como aquellas experiencias relacionadas con el disfrute individual y que están más próximas a valores de autosatisfacción (Páez, De-Juanas y González-Olivares, 2017). También, encontramos valores que promueven y estimulan que los jóvenes estén más abiertos al cambio propio y colectivo frente a otros valores que son más conservadores, y llevan a los jóvenes a ser más conformistas. En cualquier caso, en todo escenario y tiempo de ocio, los valores sociales están presentes y motivan comportamientos que configuran la personalidad de los jóvenes. Por ello, es importante conocer el sistema de valores que tienen los jóvenes antes de plantear una experiencia de ocio inclusivo. El conocimiento previo puede servir para elegir aquellas actividades que sean más adecuadas para potenciar actitudes favorables hacia los valores democráticos, entre los que cabe destacar el respeto y la responsabilidad.

2.8. Reminiscencia

Muchos de los jóvenes en situación de riesgo social se encuentran inmersos en una serie de desigualdades y evidencias que frenan su trayectoria vital. El hecho

de que estén sujetos a diferentes factores de riesgo como son el fracaso y abandono escolar, los entornos familiares desestructurados, la influencia nociva de
algunos iguales que pueden actuar como desencadenantes de situaciones de
exclusión, discriminación y estigma no debe ser un límite para ofrecer distintas
oportunidades de ocio inclusivo que contribuyan a la mejora de los procesos
de socialización. Las experiencias de ocio tienen un gran poder transformador en los jóvenes. La posibilidad de darles una experiencia que nunca hayan
vivido puede tener un gran impacto en sus vidas. Desde un punto de vista
positivo, el ocio valioso puede servirles para descubrir, aprovechar y desarrollar
su talento. También, puede contribuir a sacarlos de una situación compleja y
dotarlos de aprendizajes y herramientas que les permitan encontrar una salida
a sus problemas. En el ocio inclusivo pueden desarrollarse como personas en
convivencia junto con otros, les puede servir como campo de pruebas para
tomar iniciativas, marcarse objetivos, equivocarse, aprender a no procrastinar,
resolver conflictos, crear vínculos, generar confianza, etc. El principal propósito
es que tengan vivencias distintas que les sirvan para resolver situaciones más
complejas. En definitiva, se trata de que el ocio valioso marque una huella en
la personalidad de estos jóvenes.

Sabemos que una experiencia de ocio ha resultado valiosa y ha marcado
una huella cuando damos la oportunidad a los jóvenes de ser escuchados, de
contar sus historias y vivencias alrededor de las actividades de ocio que han
realizado. La discusión y los debates en grupo pueden ser dinámicas interesan-
tes para dar valor a las experiencias de ocio, pero los jóvenes pueden contar sus
vivencias de muchas maneras. Por ejemplo, mediante las redes sociales o bien
creando elementos artísticos en muros, carteles, etc. Cuando recuerdan, pien-
san y reviven estas experiencias de ocio estamos potenciando el componente
de reminiscencia que será una oportunidad imprescindible para consolidar
aprendizajes y forjar oportunidades de cambio y transformación social entre
los jóvenes.

3. Diseño de la intervención socioeducativa en actividades de ocio inclusivo para jóvenes en dificultad social

Partiendo de los componentes de las experiencias de ocio inclusivo, en el marco
de la intervención socioeducativa se pueden tener en consideración algunos
elementos para el diseño de acciones eficaces que se nutran de actividades que

fomenten la participación y que empoderen a los jóvenes en dificultad social. Para ello, se requiere de enfoques que integren perspectivas profesionales y de un contexto en el que los jóvenes en dificultad social sean una parte activa y consciente de la acción. A tal efecto, estos enfoques han contribuido en la elaboración de determinados programas de prevención del consumo de drogas basados en el ocio alternativo en los que se enfatiza el contacto con adultos y se generan espacios recreativos para reducir los riesgos de caer en la drogadicción mediante iniciativas de entretenimiento que doten a los jóvenes, que provienen de familias con bajos ingresos, del aprendizaje de habilidades variadas, a la par que se potencian alternativas de ocio saludable (Fernández y Secades, 2002).

En este apartado analizaremos los distintos aspectos que pueden considerarse para el diseño de intervenciones inclusivas partiendo del enfoque de la sociología positiva del ocio (Kono, Beniwal, Baweja & Spracklen, 2020; Stebbins, 2009). En primer lugar, se presenta la inclusión de máximos y las creencias limitadoras como planteamientos de partida en la intervención del profesional, el análisis del contexto y la construcción del perfil de los jóvenes. A continuación, se muestra un proceso holístico para diseñar actividades de ocio participativo, empoderador, humanista y valioso que favorezcan el ocio inclusivo de los jóvenes vulnerables desde la activación de la competencia de aprender a aprender mediante el autoconocimiento de la actividad cognitiva, el conocimiento de la tarea a realizar, y el conocimiento de las estrategias para abordar la tarea. Por último, a modo de resumen, se muestra un compendio de algunos elementos esenciales para el diseño de intervenciones socioeducativas en actividades de ocio inclusivas.

3.1. Inclusión de máximos y creencias limitadoras

En este apartado destacamos las posibilidades de las personas jóvenes en dificultad social desde un enfoque de la sociología positiva del ocio encaminado a la justicia social (Thin, 2014; Glover, 2016). El ocio desde la perspectiva de la sociología positiva pone el acento en la relación óptima de personas, grupos, comunidades, y organizaciones que además permiten otorgar un sentido a la vida (Kono et al., 2020). Sin embargo, en contextos desfavorecidos, y de manera habitual, las perspectivas limitadoras o de carencias restringen la apertura y las posibilidades que aportan los espacios de ocio a los jóvenes en dificultad social, como si las necesidades quisieran ensombrecer a las capacidades de estos. Por este motivo, encontramos dos aspectos centrales que se abordan a continuación: la inclusión de máximos y las creencias limitadoras.

El primero de ellos, la inclusión de máximos, es presentado por Rodrigo-Moriche y Vallejo-Jiménez (2019) como "una perspectiva que reconoce a todo ser humano (independientemente de su edad, género, raza, diversidad funcional, contexto u otra condición) como partícipe en la sostenibilidad, mejora y disfrute del bien común" (p. 292); mientras que las creencias limitadoras quedan definidas como "una discapacidad perceptiva que tiene un individuo, comunidad y/o sociedad acerca de las posibilidades del ser humano en los procesos de interacción y de aprendizaje a lo largo y ancho de la vida" (p. 292). Ambos términos, aplicados a las experiencias de ocio permiten posicionar a los jóvenes en situación de dificultad social como partícipes, al igual que cualquier otra persona, en la sostenibilidad, mejora y disfrute del bien común (Mac-Neil & Anderson, 1999) desde el enfoque de la inclusión social (Donnelly & Coakley, 2002); al tiempo que favorecen la detección y ruptura de aquellas creencias limitadoras que permita a los profesionales intervenir en contextos/entornos que tengan los jóvenes.

La inclusión de máximos y la ruptura de creencias limitadoras pretenden quitar o disminuir sombras y ensalzar aquellos aspectos que generan proyección en el ocio de los jóvenes en exclusión social. Por ello, situamos la base del diseño de la intervención del ocio en la inclusión de máximos como premisa, y la ruptura de las creencias limitadoras como principal estrategia.

3.2. Dimensiones que activan el cambio

Centrándonos en la estrategia de la ruptura de las creencias limitadoras, Berríos (2019) a partir de varias referencias teóricas, considera tres dimensiones que contribuyen en los procesos metacognitivos a los cambios conceptuales: el conocimiento de una persona o grupo sobre su propia actividad cognitiva, el conocimiento de la tarea a realizar y el conocimiento de las estrategias para abordar la tarea. Estas dimensiones nos permiten ofrecer una propuesta para realizar el diseño de la intervención socioeducativa en actividades de ocio inclusivo. A continuación, detallamos el proceso atendiendo a cada una de ellas.

3.2.1. Autoconocimiento de la actividad cognitiva del profesional y del grupo de profesionales

En la intervención socioeducativa los profesionales adoptan un rol individual, pero también como miembros de un grupo. En el primero de estos papeles, los profesionales se encuentran implicados en la acción, en la toma de conciencia de sus procesos de cognición (o de su competencia de aprender a aprender) que va a favorecer la detección de aquellas creencias limitadoras que restringen la intervención, y en la consecuente oportunidad de valorar la conveniencia o no de aprender a desaprenderlas. Mientras que, a nivel grupal, se establecen relaciones con los jóvenes que les permiten conocer el tipo de cultura que impera en la institución en la que se realiza la intervención.

El autoconocimiento de la actividad cognitiva en un nivel individual recoge la trayectoria formativa, profesional y personal. Es una autorreflexión que conecta en el tiempo su trayectoria: de *pasado* mediante su trayectoria vital, formativa y laboral; de *presente,* con sus atributos personales, valores, experiencias de ocio, y percepción del trabajo en equipo; y de *futuro*, mediante su interés profesional y los sueños de futuro (Figura 2).

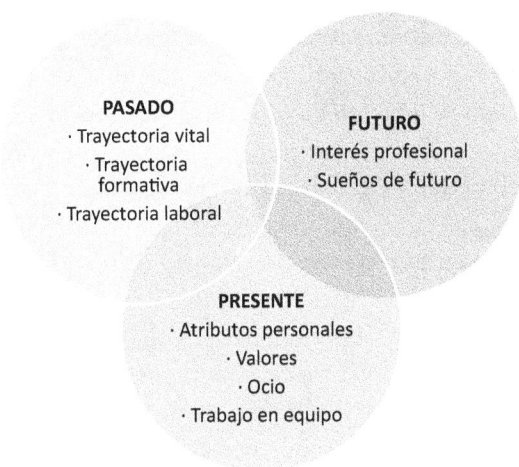

Figura 2. Autoconocimiento de la actividad cognitiva individual. Fuente: Elaboración propia

Este proceso reflexivo individual permite identificar aquellos aspectos que subyacen a los procesos de intervención. En ocasiones ayudará a encontrar el fundamento de la acción para fortalecerlo; y en otras, a identificarlo como creencia limitadora. Para llevar a cabo esta tarea de reflexión se recomienda tratar uno a uno cada apartado y desarrollarlo de manera particular, para a continuación decidir si se quiere realizar una puesta en común en equipo de las aportaciones individuales.

Por otro lado, el diseño de las acciones en mayor medida corresponde a decisiones grupales e institucionales. Por tanto, conviene entender cuál es el posicionamiento o enfoque como entidad o grupo, los problemas que coexisten, la manera en la que nos relacionamos, cómo nos planteamos los diseños, qué metodología utilizamos, etc. En definitiva, qué tipo de cultura institucional está presente en el funcionamiento de una entidad. En este sentido, de manera complementaria, la toma de conciencia grupal permite conocer cómo se establecen las relaciones entre profesionales y cuál es la propia dinámica de grupo. La cultura de referencia de una institución se construye en parte por la herencia transmitida de forma simbólica por quienes forman o han formado parte de ella; pero también se concibe por las personas que se incorporan por primera vez. Así se crea una estructura cíclica que depura sus características para adecuarse a las nuevas interacciones que se producen basadas principalmente en las ideas, valores y expectativas generadas. Realizar un diagnóstico de la cultura de la entidad va a permitir situarnos en la realidad en la que nos ubicamos como profesionales, además de determinar el enfoque que predomina en la intervención que queremos realizar en las experiencias de ocio inclusivo con los jóvenes en dificultad social según diferentes aspectos grupales (Tabla 1).

El principal cometido de esta labor consiste en identificar cada uno de los elementos que se analizan ;–finalidades/valores, planificación, asignación de tareas, intervención en la dinámica de trabajo del centro, interacción entre profesionales, gestión de la dirección, coordinación de la intervención, innovación, conflicto, formación de profesionales, y clima–, y el tipo de cultura que se establece –cultura individualista, cultura fragmentada, cultura de la coordinación o cultura colaborativa–. Ello permite disponer de una imagen gráfica del perfil de cultura de institución que nos define y sus consecuencias de cara a la intervención socioeducativa. De manera general, el sentido inicial de este autoconocimiento, individual y grupal, es facilitar un espacio de toma de conciencia que sitúe de nuevas intenciones y pretensiones a la labor profesional, pero también poder posicionar la perspectiva de la inclusión de máximos y de las creencias limitadoras.

Tabla 1. Autoconocimiento de la actividad cognitiva grupal. Fuente: Elaboración propia a partir de Armengol (1999)

	C. Individualista	C. Fragmentada	C. Coordinación	C. Colaborativa
Finalidades/ valores	Actuación bajo un criterio propio, sin valores institucionales.	Valores individuales y de subgrupos donde personas afines actúan conjuntamente.	Valores institucionales aceptados (ocasionalmente por presión) por mayoría.	Valores institucionales aceptados y compartidos por prácticamente todos, y acciones en coherencia.
Planificación	Planificación individual.	Acuerdos organizativos puntuales.	Grupos de trabajo para tareas concretas.	Reflexión, planificación, y evaluación conjunta.
Asignación de tareas	Distribución según los intereses individuales.	Asignadas según normas implícitas sin criterios claros.	Asignadas por el criterio objetivo de la dirección.	El equipo decide el profesional más idóneo para cada tarea.
Intervención en la dinámica de trabajo de la institución	Poca intervención voluntaria en el centro. Pocos espacios y tiempos en común.	Por subgrupo de referencia y su manera de entender la intervención.	El equipo directivo dirige las propuestas, pocas intervenciones voluntarias.	Activa y voluntaria de los miembros por conseguir los objetivos fijados por el centro.
Interacción entre profesionales	Pasividad general, sin comunicación.	División en subgrupos con pocos elementos en común.	Interacciones puntuales en tareas muy concretas.	Sentido de comunidad y apoyo mutuo.
Gestión de la dirección	Gestiona con las personas individualmente.	Plan de trabajo público y a veces compartido.	Asigna roles y recoge propuestas.	Promueve un plan de trabajo colectivo compartido.

(continúa)

Tabla 1. Continúa

	C. Individualista	C. Fragmentada	C. Coordinación	C. Colaborativa
Coordinación de la intervención	No hay comunicación. La inercia del trabajo regula las relaciones.	Reuniones con resultados pobres o contradictorios.	Pocas decisiones conjuntas sin seguimiento. Coordinación rígida y formal.	Coordinación real en las decisiones mediante sistemas variados. Se trabaja en equipo.
Innovaciones	No existe la costumbre de impulsar innovaciones.	Resistencias personales a la innovación por miedo a la pérdida del *statu quo*.	Innovaciones de algunos grupos. Cambios poco estables.	Organización innovadora con un intercambio adecuado entre demandas y realidad.
Conflicto	No se percibe la existencia de problemas.	No se afrontan las discrepancias.	Se perciben las discrepancias, pero sin intervención.	Se percibe de forma natural las discrepancias y se solucionan.
Formación de profesionales	Formación como un interés personal.	Formación personal sin transferencia al equipo.	Formación colectiva ligada a necesidades concretas.	Aprendizaje compartido según las necesidades de la institución.
Clima	Queja continua sobre el trabajo.	Indiferencia hacia los problemas internos, aunque con cordialidad.	Actitud positiva en cada grupo, y tensiones intergrupales.	Actitud positiva y alta motivación.

3.2.2. Conocimiento de la tarea a realizar

La segunda dimensión reclama disponer de toda la información para el diseño de la intervención. Para ello, el análisis de los recursos, el contexto, las necesidades y, sobre todo, en el marco de la sociología positiva del ocio, las capacidades que aplican en el ocio los jóvenes ofrecen orientaciones para diseñar las intervenciones socioeducativas y lograr la inclusión.

La realidad social que estamos viviendo muestra cada vez con mayor notoriedad las desigualdades que se producen en la sociedad – sociales, económicas, políticas, generacionales ... en entornos volátiles, de incertidumbre, complejos, y ambiguos (Bauman, 2003). Y aunque afecta a todas las etapas etarias, tiene características concretas en la juventud (Courtney, Watson, Battaglia, Mulsant, & Szatmari, 2020; Lashua, Johnson & Parry, 2021; Silliman & Bosk, 2020). Como se ha visto con anterioridad, la intervención socioeducativa mediante el ocio inclusivo permite revertir estas situaciones, aunque sea durante tiempos efímeros, y dar así la posibilidad a las personas jóvenes en situación de dificultad social de disfrutar de experiencias de ocio humanista y valioso que sirva de contrapeso a su situación de vida. Para ello, hacen falta entornos socioeducativos que acojan y empoderen a las personas (Torralba, 2019), pero también profesionales que sean capaces de realizar diagnósticos eficaces, y de diseñar intervenciones donde los protagonistas sean los jóvenes en dificultad social desde el enfoque de la inclusión de máximos. Para realizar estos diseños hay que ubicar y contextualizar la realidad en la que se interviene desde las perspectivas macro, meso y micro como parte de un todo, y tomar consciencia de los aspectos que intervienen para comprender el contexto y a las personas protagonistas de la acción (Roselló, 2004).

La perspectiva *macro* aporta información en un nivel normativo y teórico acerca de la situación global de las personas jóvenes en cuanto a legislación, estadísticas, perfiles sociológicos, investigaciones sobre el colectivo o temáticas específicas relacionadas. En la perspectiva *meso* se recoge aquello que concierne a la comunidad, donde se inserta al centro o a la institución a la que pertenece, pero también se toma como referencia las buenas prácticas de realidades similares. Otro aspecto en este nivel es la construcción de redes socioeducativas locales y/o territoriales que permiten establecer alianzas que fortalecen los diseños de intervención (Civís y Longás 2015; Longás, Civís y Riera, 2008). En un nivel *micro* se atiende a las necesidades y capacidades concretas (aunque se pone más énfasis en las capacidades), y siempre desde la mirada de la inclusión de máximos. En el nivel micro aparece la oportunidad para que el profesional mejore su capacidad perceptiva y convierta las limitaciones de las personas jóvenes en dificultad social en posibilidades para estimular un aprendizaje a lo largo y ancho de la vida (Larson et al., 2004; Sibthorp, Bialeschki, Morgan & Browne, 2013).

Tras el análisis de la realidad, el diseño de la intervención educativa es el siguiente paso. Marcamos objetivos acordes a las finalidades que queremos lograr, seleccionamos los contenidos que se podrán trabajar en las experiencias

de ocio, y las competencias que pretendemos desarrollar. En este punto se pueden tener en cuenta los componentes de las experiencias de ocio inclusivo con
jóvenes en dificultad social que presentamos al comienzo del capítulo. Posteriormente, se determinará la metodología, las estrategias y las técnicas que se
utilizarán. Igualmente, se tendrán en consideración los recursos y los espacios
disponibles para llevar a cabo la intervención. Por último, determinaremos de
qué manera se va a realizar el seguimiento del proceso mediante la evaluación.

3.2.3. Conocimiento de las estrategias para abordar la tarea

La última dimensión se relaciona con las estrategias y técnicas que van a permitir realizar el diseño de la intervención. Un diseño vinculado con el ocio
humanista y valioso, y la participación y el empoderamiento. La verdadera
apuesta por el ocio inclusivo valioso debe favorecer que los jóvenes multipli-
quen y enriquezcan el bien común como miembros de una comunidad sin
exclusiones (Rodrigo-Moriche, 2018; Zamagni, 2012); igualmente, la participación vinculada al ocio inclusivo debe propiciar procesos de empoderamiento
juvenil (Agud- Morell, Ciraso-Calí, Pineda-Herrero y Soler, 2017).

En este marco, la dignidad de la persona debe regir la intervención para
favorecer su mejora y la de la comunidad. Se pretende que esta apuesta por el
ocio humanista se convierta en una *vivencia lúdica* –dimensión lúdica, juego y
fantasía–, una *liberación* –voluntariedad y satisfacción–, *autotelismo* –con fin
en sí mismo–, y *formación* –necesidad de una formación humanista para evitar
el ocio nocivo– (Kriekemans, 1973). Además, tratándose de un ocio valioso,
que sea *activo* –conlleve implicación–, *sustancial* –caracterizado por la perse-
verancia, el esfuerzo, la formación, los beneficios duraderos, el ámbito social
y la identificación–, *creativo* –automotivado, consciente, activo, complejo y
lúdico–, y *solidario* –acción altruista que se orienta al desarrollo comunitario–
(Cuenca, 2014).

En relación con la participación, uno de los instrumentos más utilizados y
que tiene un especial interés para evaluar los distintos gradeos de participación
ciudadana es la escalera de Hart (1997). Este instrumento sirve para determinar el grado de participación en el que se encuentran los jóvenes y también
para establecer metas de logro de la intervención. En este modelo se señalan
8 peldaños o grados de identificación y clasificación. Los tres primeros no se
consideran participativos por basarse en términos de *manipulación, decoración
y participación simbólica*. En el cuarto se informa del *papel que hay que reproducir
por asignación adulta*; en el quinto, hay *consulta e información*, y con las decisiones finales, tomadas por la figura adulta, se diseña y organiza la actividad; en el

siguiente peldaño, aunque los profesionales inician la participación, *las decisiones se toman de manera compartida*; los últimos dos peldaños se inician por los jóvenes, así en el séptimo, el joven *inicia y dirige* sus proyectos, y en el octavo, la *acción participativa de los jóvenes se integra en la propuesta de intervención*. En este último peldaño aparecen el empoderamiento y el emprendimiento. Podríamos añadir un último peldaño donde se incluiría *la rendición de cuentas* con la intencionalidad de conocer las implicaciones de la acción participativa en la comunidad, adquiriendo así una metadimensión.

Con todo, Silva y Villaseñor (2018) señalan la necesidad de promover la acción en los individuos para favorecer el despliegue de sus capacidades. En esta línea, y conectando con el octavo peldaño y la rendición de cuentas, presentamos la evaluación participativa como una metodología que, mediante dinámicas participativas guiadas por profesionales pero definidas, planificadas y adaptadas por las personas jóvenes, lleva a cabo una intervención que genera conocimientos nuevos y produce cambios en las personas que intervienen y en su contexto (Cousins, 2020; Núñez, 2015; Úcar, Heras y Soler, 2014).

En cuanto al empoderamiento cabe destacar el «Proyecto HEBE»[1] y su estudio en profundidad sobre el concepto de empoderamiento juvenil. Lo ha definido como el proceso que facilita que una persona pueda decidir y actuar sobre todo lo que afecta a su vida, participar en la toma de decisiones e intervenir en la colectividad (Úcar, Jiménez-Morales, Soler y Trilla, 2016), y determinan espacios, momentos y procesos donde las personas jóvenes identifican que se promueve este empoderamiento (Soler, Trilla, Jiménez-Morales y Úcar, 2017).

En general, el diseño de acciones para la educación en el ocio inclusivo debe favorecer el desarrollo de procesos idóneos para el empoderamiento juvenil desde la gestión y uso del tiempo, tomar parte de las decisiones propias y de la comunidad a la que pertenecen y, sobre todo, ser capaces de autogestionar sus actividades de ocio desde el prisma inclusivo, participativo y empoderador (Soler, Trull, Rodrigo-Moriche y Corbella, 2019).

3.3. Recomendaciones finales

Por último, cabe señalar, que hay aspectos que afectan a los jóvenes como la salud mental, género, discapacidad, niveles sociales, tecnología, etc., lo que nos puede proyectar imágenes distorsionadas sobre ellos y crear estigmas sociales. Estas proyecciones impulsan a su vez estereotipos haciéndonos ver a jóvenes con adicciones, violentos, con enfermedad mental u otras, reclusos, víctimas de abusos y/o violencias, con desigualdad social, de género y falta de oportunidades, minorías étnicas, infancias traumáticas, etc. (Bas, Pérez de Guzmán y Morón, 2011). Desde la inclusión de máximos y la ruptura de las creencias limitadoras se apuesta por la búsqueda de aspectos que unan y no separen, buscando aquello que caracteriza al colectivo juvenil en general, sobre todo de aquello por lo que se puedan sentir definidos como segmento social etario. Para ello, hay que escucharlos, preguntarles, generar dinámicas participativas empoderadoras, y potenciar experiencias humanistas y valiosas (Fredriksson, Geidne, & Eriksson, 2018). De este modo, nos situaremos en sus potencialidades, en aquellos aspectos positivos que los definen, en aquellas situaciones vividas que, aun siendo difíciles, les han aportado aprendizajes a partir de los cuales construir, ayudarles a aprender a desaprender, y romper sus creencias limitadoras. Consiste, en definitiva, en realizar un diseño de intervención con los jóvenes que tenga presente los siguientes elementos (Figura 3): la inclusión de máximos y las creencias limitadoras que actúan como medidores de la intervención; las dimensiones humanista y valiosa que le otorgan sentido vital; así como, la participación y el empoderamiento que se posicionan como estrategias esenciales para la intervención.

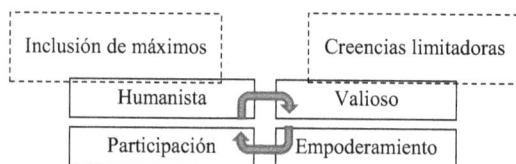

Figura 3. Elementos esenciales para el diseño de la intervención socioeducativa en actividades de ocio inclusivo. Fuente: Elaboración propia

4. La evaluación de la intervención en los programas y proyectos de ocio inclusivo

La intervención socioeducativa realizada en los programas y proyectos de ocio inclusivo debe garantizar la accesibilidad universal y contar con profesionales especializados que respondan a las necesidades e intereses reales de las personas destinatarias. En el ámbito que nos ocupa, este control depende de la evaluación de la intervención. Tradicionalmente, el concepto evaluar hace referencia a estimar, apreciar, calcular el valor de algo. En las últimas décadas, el concepto de evaluación ha ido evolucionando y se ha adaptado a las diferentes temáticas, procesos y contextos a evaluar. Al respecto, De Miguel (2006) considera que la evaluación institucional constituye un procedimiento evaluativo orientado esencialmente hacia el aseguramiento de la calidad de un programa o institución que se lleva a cabo mediante un proceso de revisión interna en el que se analiza el cumplimiento de los objetivos establecidos por la propia institución con la finalidad de formular planes de mejora. Por tanto, la evaluación de un programa o proyecto tendrá que permitir recoger información derivada de diferentes fuentes para valorar el impacto que ha tenido en relación con los objetivos propuestos. De tal manera, existirán evaluaciones que se centrarán en las metas, otras que tratarán de describir procesos, pero sin ser enjuiciables; mientras que encontraremos otras evaluaciones que sí deben someterse a examen, discusión o juicio.

Cuando diseñamos algún programa o proyecto sobre ocio inclusivo para jóvenes en dificultad social debemos pensar en los ejes de sostenibilidad de este, y uno de ellos es la incorporación de un plan de evaluación exhaustivo para comprobar que se cumplen las metas que se pretenden conseguir. En dicho plan estableceremos términos medibles de los objetivos, se identificarán los indicadores con los que evaluaremos el programa o proyecto para poder tener una radiografía del éxito de este, diseñaremos las técnicas e instrumentos que se utilizan para recolectar la información antes, durante y después de la puesta en marcha de las experiencias de ocio inclusivo que se llevarán a cabo. Todo ello nos llevará a poder analizar la intervención y establecer los tiempos, mediante un cronograma, para monitorear dicho peritaje.

La manera habitual que tenemos de ver los proyectos es como un todo único, y el proceso de evaluación de un programa o proyecto debemos entenderlo desde un pluralismo conceptual, donde se tengan en cuenta diversidad de intereses, criterios y métodos. En muchas ocasiones, por diversos motivos, no se aborda su evaluación y comienza un proceso de procrastinación; es decir, se va posponiendo.

Desde nuestra experiencia y también desde la literatura científica (Scriven, 1967, MacDonald, 1976, Stufflebeam y Shinkfield, 1987, Joint Commitee on Standards for Educational Evaluation, 1988, Nevo 1990, Norris, 1990, Alvira, 1991, Tejada, 1997a, Molero y Ruiz, 2005, Pérez Serrano, 2006, Pérez Juste, 2014, Tapia y Garrido, 2017), podemos destacar los siguientes aspectos a tener en cuenta a la hora de llevar a cabo la evaluación de programas y/o proyectos de ocio inclusivo:

– La evaluación debe llevarnos a la comprensión del programa o proyecto evaluado, así como a emitir un juicio de valor.

– Supone una investigación sistemática y objetiva del valor o mérito de un objeto, organizada en fases.

– Tiene que haber un procedimiento y unos criterios para identificar, obtener y proporcionar de manera descriptiva y útil el logro o impacto del objeto que se evalúa con el fin de comprobar si se han conseguido los objetivos.

– Los criterios deben realizarse con la participación de todas las personas implicadas en el proceso de evaluación. Y sustentarse en principios éticos y de igualdad de género.

– Es elemento esencial la objetividad y la obtención de la totalidad de la información, de los datos que se persiguen.

– Conlleva la aplicación de procedimientos sistemáticos y rigurosos de recogida de información. Es fundamental que toda la información obtenida sea válida y fiable y que recoja todos los aspectos de la realidad que se evalúa.

– Las técnicas e instrumentos de recogida de información deben ser variados, utilizados en diversas circunstancias y en tiempos distintos.

– Tiene que servir de guía para tomar decisiones y solucionar cualquier incidencia o problema detectado. Debe permitir detectar no solo debilidades o amenazas del proceso, sino también oportunidades para la toma de decisiones.

– La información nos tiene que llevar a la búsqueda de soluciones a cuantas personas estén implicadas y/o tengan responsabilidad en el tema evaluado.

– No debemos entender la evaluación solo como un proceso de control, sino de compromiso con la mejora del programa o proyecto.

– Tener en cuenta el proceso evaluador, lo que supone una evaluación conjunta, para establecer juicios de valor que no se centre sólo en una descripción y análisis de la coherencia del programa y su eficacia; sino que busca más allá.

– Lleva a la formación permanente de las personas que están implicadas en el proceso de evaluación.

Por tanto, la evaluación de la intervención socioeducativa desde el ocio inclusivo es un procedimiento de gestión que trata de valorar de manera organizada, sistemática y objetiva, acorde con unos criterios específicos, la pertinencia, el rendimiento y el éxito de los programas y proyectos de ocio inclusivo. Debe tener un sentido y una utilidad, con el fin de mejorarlo. Y se debe tener en cuenta que la evaluación posee una serie de funciones: *formativa, sumativa, psicológica* y *administrativa* (Nevo, 1986, p.18). A saber, la evaluación *formativa* busca la mejora y retroalimenta su desarrollo durante su realización; la evaluación *sumativa* se utiliza para la selección, certificación y responsabilidad, y establece el valor de lo evaluado para darle continuidad o darlo por finalizado; la evaluación *psicológica* tiene como fin la motivación, y la *administrativa* el ejercicio de la autoridad.

Cuando diseñamos la evaluación de un programa o proyecto debemos plantearnos: ¿Qué queremos evaluar? ¿Cómo vamos a evaluarlo? ¿Quién va a evaluar? ¿Cómo y a quién vamos a presentar los datos o información recogida? A la vez que habrá que establecer un protocolo de evaluación de las condiciones de inclusión.

A continuación, se explicitan unos criterios de evaluación establecidos por Tejada (1997b, p.255) de los que podemos partir para diseñar la evaluación:

- *Pertinencia*: adecuación de un programa con la política de formación y el contexto de formación.
- *Actualización*: adecuación de los objetivos del programa y las necesidades reales (sociales e individuales).
- *Objetividad*: adecuación a las leyes y principios científicos.
- *Aplicabilidad*: posibilidad de puesta en práctica de los objetivos propuestos.
- *Suficiencia*: grado con que un programa o proyecto satisface las necesidades detectadas.
- *Eficacia*: nivel de logro de los objetivos asignados.
- *Eficiencia*: grado de implicación de recursos humanos, materiales y funcionales.
- *Comprensividad*: grado de optimización alcanzado.
- *Relevancia*: grado de importancia del programa para cubrir las necesidades individuales y sociales.
- *Coherencia*: grado de adecuación entre sí de distintos componentes-elementos de un programa o proyecto.

Mediante la evaluación se da respuesta a las cuestiones que se han planteado en el diseño del programa o proyecto de intervención en ocio inclusivo, con el fin de ayudar a la toma de decisiones de las personas que gestionan y administran el programa o proyecto. De dicha evaluación se extraen hipótesis, teorías, conclusiones básicas que sirven para reformular el programa o proyecto con el fin de mejorarlo. Finalmente, los programas y proyectos de inclusión para el ocio con jóvenes en dificultad social deben recoger valores fundamentales como el respeto, el sentido de pertenencia y la interdependencia.

Nota

1 www.projectehebe.com

Referencias

Agud-Morell, I., Ciraso-Calí, A., Pineda-Herrero, P. y Soler, P. (2017). Percepción de los jóvenes sobre los espacios y momentos en su proceso de empoderamiento. Una aproximación cuantitativa. *Pedagogía Social. Revista Interuniversitaria, 30*, 51–66. https://doi.org/10.SE7179/PSRI_2017.30.04

Alvira, F. (1991). *Metodología de la evaluación de programas*. Centro de Investigaciones Sociológicas.

Armengol, C. (1999). *La cultura organitzacional en els centres educatius de primària* (Tesis doctoral). Universidad Autónoma de Barcelona, Barcelona.

Autry, C. E. & Watts, C. E. (2019). The leisure context and adolescent adjustment. *World Leisure Journal 61*(4), 258–259. https://doi.org/10.1080/16078055.2019.1661102

Bandura, A. (1978). The self-system in reciprocal determinism. *American Psychologist, 33*, 344–358.

Barbieri, M. (2014). Narrativa personal, trayectoria de vida y construcción de identidades. *Revista Humanismo y cambio social, 4*, 24–32. https://doi.org/10.5377/hcs.v0i4.4922

Bas, E., Pérez de Guzmán. M. V. y Morón, J. A. (2011). Adicción y exclusión social: Intervención educativa. En L. V. Amador y G. Musitu (Eds.). *Exclusión social y diversidad* (pp. 193–220). Trillas.

Bauman, Z. (2003). *Modernidad líquida*. Fondo de Cultura Económica.

Beltrán, J. A. (1993). *Procesos, estrategias y técnicas de aprendizaje*. Síntesis.

Beltrán, J. y Pérez, L. F. (2004). *El proceso de sensibilización. Experiencias pedagógicas con el modelo CAIT*. Foro pedagógico de Internet.

Berríos, C. (2019). Creencias epistémicas, metacognición y cambio conceptual. *Revista de Estudios y Experiencias en Educación, 18*(37), 129–140. https://doi.org/10.21703/rexe.20191837berrios3

Bowlby, J. (1993). *El vínculo afectivo*. Paidós.

Chalip, L. & Hutchinson, R. (2016). Reinventing youth sport: formative findings from a state-level action research pro-ject. *Sport in Society*, (Special Issue), 1–17. https://doi.org/10.1080/17430437.2015.1124562

Civís, M. y Longás, J. (2015). La colaboración interinstitucional como respuesta al desafío de la inclusión socioeducativa. Análisis de 4 experiencias de trabajo en red a nivel local en Cataluña. *Educación XX1, 18*(1), 213–236. https://10.5944/educXX1.18.1.12318

Cooper, S. L. (2020). Promoting physical activity for mental well-being. *ACM's Health & Fitness Journal 24*(3), 12–16. https://doi.org/10.1249/FIT.0000000000000569

Copley, J. (1992). The integration of teacher education and technology. A constructivist model. In D. Carey et al. (Eds.). *Technology and teacher education annual* (pp. 617–622). Charlottesville.

Courtney, D., Watson, P., Battaglia, M., Mulsant, B. H. & Szatmari, P. (2020). COVID-19 Impactos en la ansiedad y la depresión infantil y juvenil: desafíos y oportunidades. *Canadian Journal of Psychiatry*, 65(10), 688–691. https://10.1177/0706743720935646

Cousins, J. B. (Ed.) (2020) *Collaborative approaches to evaluation. Principles in use.* SAGE.

Csikszentmihalyi, M. (2020). *Finding flow: The psychology of engagement with everyday life.* Basic Books.

Cuenca, M. (2014). *Ocio valioso.* Universidad de Deusto.

Dattilo, J. (2017). *Inclusive leisure services.* Sagamore-Venture Publishing.

De-Juanas, A. y García-Castilla, F. J. (2018). Presentación del monográfico "Educación y ocio de los jóvenes vulnerables". *Pedagogía Social. Revista Interuniversitaria, 31,*13–17. https://doi.org/10.7179/PSRI_2018.31.01

De-Juanas, Á., García-Castilla, F.J. y Ponce de León, A. (2020). El tiempo de los jóvenes en dificultad social: utilización, gestión y acciones socioeducativas. *Revista Española de Pedagogía, 78*(277), 477–496. https://doi.org/10.22550/REP78-3-2020-05

De-Juanas, A., García-Castilla, F. J. y Rodríguez-Bravo, A. E., (2018). Prácticas de ocio de los jóvenes vulnerables: implicaciones educativas. En A. Madariaga y A. Ponce de León (Eds.). *Ocio y participación social en entornos comunitarios* (pp. 39–60). Universidad de La Rioja.

De Miguel, M. (2006). *Metodologías de enseñanza y aprendizaje para el desarrollo de competencias. Orientaciones para el profesorado universitario ante el Espacio Europeo de Educación Superior.* Alianza Editorial.

Díaz-Esterri, J., De-Juanas, Á., Goig-Martínez, R. & García-Castilla, F. J. (2021). Inclusive Leisure as a Resource for Socio-Educational Intervention during the COVID-19 Pandemic with Care Leavers. *Sustainability 13*, 8851. https://doi.org/10.3390/su13168851

Donnelly, P. & Coakley, J. (2002). *The role of recreation in promoting social inclusión.* The Laidlaw Foundation

Fernández, J. R. y Secades, R. (Coords.) (2002). *Guía de referencia para la evaluación de programas de prevención de ocio alternativo.* Colegio Oficial de Psicólogos y Plan Nacional sobre drogas.

Fernández-Simo, D. y Cid, M. (2017). Repensar la calidad en el proceso de acompañamiento socioeducativo con infancia y adolescencia en protección. Retos pendientes desde la Educación Social. *Revista de Educación Social, 25,* 1–18.

Fraguela, R., De-Juanas, A. y Franco, R. (2018). Ocio deportivo en jóvenes potencialmente vulnerables: beneficios percibidos y organización de la práctica. *Pedagogía Social. Revista Interuniversitaria, 31,* 49–58. https://doi.org/10.7179/PSRI_2018.31.04

Fredriksson, I., Geidne, S. & Eriksson, C. (2018). Leisure-time youth centres as health-promoting settings: Experiences from multicultural neighbourhoods in Sweden. *Scandinavian Journal of Public Health*, 46(20_suppl), 72–79. https://doi.org/10.1177/1403494817743900

Galea, S., Merchant, R. M. & Lurie, N. (2020). The mental health consequences of COVID-19 and physical distancing. *Journal of the American Medical Association 180*, 817–818. http://dx.doi.org/10.1002/da.20838

García-Castilla, F. J., De-Juanas, A. y López-Noguero, F. (2016). La práctica de ocio deportivo de los jóvenes en situación de vulnerabilidad. *Revista de Psicología del deporte, 25*(2), 27–32.

García-Castilla, F. J., Melendro, M. y Blaya, C. (2018). Preferencias, renuncias y oportunidades en la práctica de ocio de los jóvenes vulnerables. *Pedagogía Social. Revista Interuniversitaria, 31*, 21–52. https://doi.org/10.7179/PSRI_2018.31.02

Glover, T. D. (2016). Leveraging leisure-based community networks to access social capital. In G. J. Walker, D. Scott & M. Stodolska (Eds.), *Leisure matters: The state and future of leisure studies* (pp. 277–285). Venture.

Gutiérrez, M. y Hernández, D. (2013). Las relaciones intergeneracionales en la sociedad actual: un imperativo necesario. Educación Social. *Revista de Intervención Socioeducativa, 55*, 135–145.

Hart, R. (1997). *Children's participation: The theory and practice of involving young citizens in community development and environmental care* (6.ª ed.). Earthscan.

Haudenhuyse, R., Theeboom, M. & Coalter, F. (2012). The potential of sports-based social interventions for vulnerable youth: implications for sport coaches and youth workers. *Journal of Youth Studies, 15*, 437–454.

Haudenhuyse, R., Theeboom, M. & Nols. Z. (2013). Sports-based interventions for socially vulnerable youth: Towards well-defined interventions with easy-to-follow out comes? *International Review for the Sociology of Sport, 48*, 471–484.

Jiménez, M. M. (2012). Actuaciones socio-comunitarias y educativas inclusivas con alumnado en riesgo de exclusión social. *Revista de Investigación en Educación, 2*, 62–78.

Johnson, D. W. & Jonhson, R. T. (1989). Cooperative learning: what special education teachers needs to know. *Pointer, 33*(2), 5–10.

Joint Committee on Standards for Educational Evaluation (1988). *Normas de evaluación para programas, proyectos y material educativo*. Trillas.

Kono, S., Beniwal, A., Baweja, P. & Spracklen, K. (2020). *Positive Sociology of Leisure*, Leisure Studies in a Global Era. https://doi.org/10.1007/978-3-030-41812-0_1

Kriekemans, A. (1973). *Pedagogía General*. Herder.

Larson, R., Jarrett, R., Hansen, D., Pearce, N., Sullivan, P., Walker, K., Watkins, N. & Wood, D. (2004). Organized Youth Activities as Contexts for Positive Development. In P. A. Linley y S. Joseph. (Eds.). *Positive psychology in practice* (pp. 540–560). https://doi.org/10.1002/9780470939338.ch33

Lasén, A. (2020). Ocio digital juvenil: en cualquier momento, en cualquier lugar. En I. Lazcano y A. De-Juanas *(Coords.). Ocio y juventud. Sentido, potencial y participación comunitaria* (pp. 61–80). UNED.

Lashua, B., Johnson, C. W. & Parry, D. C. (2021). Leisure in the Time of Coronavirus: A Rapid Response. *Leisure Sciences, 43*(1–2), 6–11, https://doi.org/10.1080/01490400.2020.1774827

Lazcano, I. y San Salvador, R. (2018). Asociacionismo cultural, gobernanza y participación. En A. Madariaga y A. Ponce de León (Eds.). *Ocio y participación social en entornos comunitarios* (pp. 77–100). Universidad de La Rioja.

Liang, L., Ren, H., Cao, R. Hu, Y., Qin, Z. Li, C. & Mei, S. (2020). The Effect of COVID-19 on Youth Mental Health. *Psychiatric Quarterly*, 91, 841–852. https://doi.org/10.1007/s11126-020-09744-3

Longás, J., Civís, M. y Riera, J. (2008). Asesoramiento y desarrollo de redes socioeducativas locales. Funciones y metodología. *Cultura y Educación, 20*(3), 303–324. https://doi.org/10.1174/113564008785826330

López-Noguero, F., Sarrate Capdevila, M. L. & Lebrero Baena, M. P. (2016). El ocio de los jóvenes en situación de vulnerabilidad. Análisis discursivo. *Revista Española de Pedagogía, 263*, 127–145.

Lubans, D. R., Plotnikoff, R. C. & Lubans, N. J. (2012). A systematic review of the impact of physical activity programmes on social and emotional well-being in at-risk youth. *Child and Adolescent Mental Health, 17*, 2–13.

MacDonald, B. (1976). Evaluación y el control de la educación. En J. Gimeno Sacristán y A. Pérez Gómez (Eds.). *La enseñanza: su teoría y su práctica* (pp. 21–46). Akal.

MacNeil R. D. & Anderson, S. C. (1999). Leisure and persons with developmental disabilities: empowering self-determination through inclusion. In P. Retish & S. Reiter (Eds.). *Adults with disabilities. International perspectives in the community*. Lawrence Erlbaum Associates.

Molero, D. y Ruiz, J. R. (2005). La evaluación de la docencia universitaria. Dimensiones y variables más relevantes. *Revista de Investigación Educativa, 23*(1).

Nevo, D. (1990). Widening the Perspective of Program Evaluation, in D.F. Robitaille (Ed.). *Evaluation and Assessment*. Unesco.

Norris, N. (1990). *Understanding Educational Evaluation*. Kogan Page.

Núñez, H. (2015). *Evaluación participativa en la acción comunitaria. Aproximaciones teórica y metodológica*. Popular.

Ornell, F., Schuch, J. B., Sordi, A. O. & Kessler, F. H. P. (2020). "Pandemic fear" and COVID-19: Mental health burden and strategies. *Revista brasileira de psiquiatria 42*, 232–235. http://dx.doi.org/10.1590/1516-4446-2020-0008

Páez, J., De-Juanas, A. y González-Olivares, A. L. (2017). Jóvenes, valores y utilización de la tecnología en el tiempo de ocio. Animus. *Revista Interamericana de Comunicação Midiática, 16*(32), 244–262. https://doi.org/10.5902/2175497729664

Pérez Juste, R. (2014). *Evaluación de programas educativas*. Muralla.

Pérez Serrano, G. (2006). *Elaboración de proyectos sociales*. Casos prácticos. Narcea.

Pieris, D. (2020). Understanding Empathic and Cooperative Intergenerational Relationships: A New Theoretical Framework. *Journal of Intergenerational Relationships, 18*(4), 451–464 ttps://doi.org/10.1080/15350770.2020.1723775

Rodrigo-Moriche, M. P. y Vallejo-Jiménez, S. I. (2019). Inclusión de máximos para una ciudadanía activa: la participación, el empoderamiento y el emprendimiento social de las personas mayores. En A. De-Juanas y A. E. Rodríguez-Bravo (Coords.). *Educación de personas adultas y mayores* (pp.335–381). UNED.

Rodrigo-Moriche, M. P. (2018). Diversidad e innovación. Retos para la convivencia. En Colectivo JIPS, *Desafíos para la Educación social en tiempos de cambio*. Aljibe.

Roselló, D. (2004). *Desarrollo y evaluación de proyectos culturales*. Ariel.

Roult, R., Royer, C., Auger, D. & Adjizian, J. M. (2015). Development of adolescents' leisure interests and social involvement: Perspectives and realities from youth and local stakeholders in Quebec. *Annals of Leisure Research, 19*, 47–61. https://doi.org/10.1080/11745 398.2015.1031805

Ruiz, M. y De-Juanas, A. (2013). Redes sociales, identidad y adolescencia: nuevos retos educativos para la familia. *Estudios sobre Educación, 25*, 95–113.

Sanz, E., Duque, C., Valdemoros, A. y García-Castilla, F. J. (2019). Ocio cultural juvenil, indicador subjetivo del desarrollo humano. *Caurensia, XIV*, 491–511. https://doi.org/10.17398/2340-4256.14.491

Santibáñez, R., Ruiz-Narezo, M. y González de Audikana, M. (2020). *Factores de riesgo y conductas de riesgo en la adolescencia*. Síntesis.

Schank, R.C. (2002). *Designing world-class e-learning: how IBM*. Harvard Business.

Scriven, M. (1967). The Methodology of Evaluation. In R. W. Tyler et al., *Perspectives of curriculum evaluation* (pp. 39–83). AERA-1, Monograph Series. Rand McNally & Corp.

Sibthorp, J., Bialeschki, M. D., Morgan, C. & Browne, L. (2013). Validating, norming, and utility of a youth outcomes battery for recreation programs and camps. *Journal of Leisure Research, 45*(4), 514–536. https://doi.org/10.18666/jlr-2013-v45-i4-3897

Silliman, R. I. & Bosk, E. A. (2020). Vulnerable Youth and the COVID-19 Pandemic. *Pediatric 146*(1). https://doi.org/10.1542/peds.2020-1306

Silva, C. y Villaseñor K. M (2018). Capacidad para la libertad. Modelo participativo de desarrollo comunitario y reorientación de los procesos formativos en núcleos sociales marginados. *Zona Próxima* (29),68–81. https://doi.org/10.14482/zp.29.0006

Soler, P., Trilla, J., Jiménez-Morales, M. y Úcar, X. (2017). La construcción de un modelo pedagógico del empoderamiento juvenil: espacios, momentos y procesos. *Pedagogía Social. Revista Interuniversitaria, 30*, 25–40. https://doi.org/10. SE7179/PSRI_2017.30.02

Soler, P., Trull, C., Rodrigo-Moriche, M. P. y Corbella, L. (2019). El reto educativo del empoderamiento juvenil. En I. Alonso, K. Artexte (Eds.), *Educación en el tiempo libre: la inclusión en el centro* (pp. 129–142). Octaedro.

Soler, P. (2020). El ocio como recurso privilegiado para el empoderamiento juvenil. En I. Lazcano y A. De-Juanas (Coords.). *Ocio y juventud. Sentido, potencial y participación comunitaria* (pp. 161–180). UNED.

Stebbins, R. A. (2009). *Personal decisions in the public square: Beyond problem solving into a positive sociology*. Transaction.

Sternberg, R. J. (1997). *Thinking styles*. The Press sindicate of University of Cambridge.

Stufflebeam, D. L. y Shinkfield, A. J. (1987). *Evaluación sistemática. Guía teórica y práctica*. Paidós.

Tait, A. y Wosu, H. (2015). *Trabajando con menores vulnerables. Actividades lúdicas que mejoran la comunicación*. Narcea.

Tapia, J. A. y Garrido, H. (2017). Evaluar para el aprendizaje: Evaluación de la comprensión de documentos no escritos. *Electronic Journal of research in educational psychology, 15*(41), 164–184. http://dx.doi.org/10.14204/ejrep.41.16020

Tarín, M. y Navarro, M. (2006). *Adolescentes en riesgo. Casos prácticos y estrategias de intervención socioeducativas*. CCS.

Tejada, J. (1997a). La evaluación. En J. Gairín y A. Ferrández (Coord.). *Planificación y gestión de instituciones de formación* (pp. 243–268). Praxis.

Tejada, J. (1997b). *Instrumentos de medida.* En J. Gairín y A. Ferrández (Coord.). *Planificación y gestión de instituciones de formación* (pp. 251–273). Praxis.

Thin, N. (2014). Positive sociology and appreciative empathy: History and prospects. *Sociological Research Online, 19*(2), 1–14. https://doi.org/10.5153/sro.3230

Torralba, F. (2019). Mesa de diálogo y conferencia. Universidad Ramón Llul. https://congressos.blanquerna.edu/sips2019/mesa-de-dialogo-y-conferencia/#conferencoa

Úcar, X., Heras, P. y Soler, P. (2014). La evaluación participativa de acciones comunitarias como metodología de aprendizaje para el empoderamiento personal y comunitario: Estudio de casos y procesos de empoderamiento. *Pedagogía Social. Revista Interuniversitaria, 24,* 21–47. https://doi.org/10.7179/PSRI_2014.24.02.

Úcar, X., Jiménez-Morales, M., Soler, P. & Trilla, J. (2016). Exploring the conceptualitzation and research of empowerment in the field of youth. *Inter- national Journal of Adolescence and Youth, 22*(4), 405–418. https://doi.org/10.1080/02673843.2016.1209120

Valdemoros-San-Emeterio, M. Á., Sanz, E. y Ponce de León, A. (2012). Educación informal y ocio juvenil. El influjo de los amigos en el abandono de la práctica físico-deportiva. *Pedagogía Social, 20,* 203–221.

Vella, S. A., Swann, C., Batterham, M., Katherine, M., Eckermann, S., Ferguson, H. Fogarty, A., Deane, F. (2021). An Intervention for Mental Health Literacy and Resilience in Organized Sports. *Medicine & Science in Sports & Exercise, 53*(1), 139–149. https://doi.org/10.1249/MSS.0000000000002433

Wilson, J. (2019). *Politics and leisure.* London: Routledge.

Zamagni, E. (2012). Por una economía del bien común. *Revista de empresa y humanismo, XVII*(2), 77–88.

Zullig, K. J. & White, R. J. (2011). Physical activity, life satisfaction, and self-rated health of middle school students. *Applied Research in Quality of Life, 6,* 277–289. https://doi.org/10.1007/s11482-010-9129-z

GESTIONAR EL TIEMPO DE OCIO SIENDO QUIENES SOMOS. IMPLÍCITOS DE BUENAS PRÁCTICAS PARA HACER FRENTE A LA EXCLUSIÓN

Nuria Codina

Rafael Valenzuela

José Vicente Pestana

Universitat de Barcelona

1. Introducción

En el ocio la persona y la gestión del tiempo son protagonistas. Esto es, la gestión del tiempo incluye desde la preservación de un tiempo para actividades de ocio, hasta la organización y reserva de tiempos para actividades de ocio y no ocio, pasando por las actitudes y hábitos de gestión del tiempo —todo lo cual incide en las experiencias y valoraciones personales y sociales respecto a los usos del tiempo y la vida en general (Codina & Pestana, 2017, 2019)—. Por lo tanto, la gestión del tiempo es protagonista en el ocio, pero también en el no ocio: por ejemplo, actitudes fatalistas hacia el presente se relacionan con horarios de trabajo rígidos o vivir con personas a cargo; o bien la regularidad en ciertas actividades de ocio parece contraria a la procrastinación (Codina, Valenzuela y Pestana, 2020; Pestana, Codina y Valenzuela, 2020). En cualquier caso, la gestión del tiempo deriva en fenómenos que son intersticiales entre las personas y la sociedad, evocando un bienestar o malestar físico, psíquico y social; y, para mayor concreción, el ocio aparece como un claro y natural facilitador de los procesos identitarios y sus consecuentes inclusiones y exclusiones sociales (Codina, Pestana y Ponce de León Elizondo, 2018; Mahoney, Stattin & Lord, 2004).

Como ya demostraron los promotores del movimiento recreativo en los Estados Unidos (entre finales del s. xix y principios del xx: Anderson, 2006; Codina, 1990), el ocio puede ser un escenario de prevención y solución de problemas de exclusión social o de expresión de dichos problemas. Dadas estas particularidades y potencialidades ambivalentes del ocio (Munné y Codina, 1996, 2002), para inspirar las buenas prácticas —que implican la transferencia de conocimientos y la activación de la inclusión a través del ocio—, es preciso conocer qué procesos favorecen este potencial positivo del ocio y, a partir de este conocimiento, proponer estrategias a través de las cuales los profesionales de la intervención podrán trabajar para dicha inclusión mediante el ocio.

Por lo que se refiere a los procesos psicosociales, dado que el ocio es un ámbito cotidiano de la actividad y la interacción humanas, son numerosos los procesos compartidos con otros ámbitos (aunque por la naturaleza del ocio, unos tienen más centralidad y protagonismo que otros). Entre ellos, no hay duda de que la identidad y los procesos que les son propios adquieren una gran relevancia en el ocio (Codina, Pestana & Stebbins, 2017; Haggard & Williams, 1992; Kleiber, 1999; Kleiber & McGuire, 2016); esto es, el ocio conforma uno de los ámbitos en los que la persona puede llegar a tener más libertad (o posibilidades para elegir cómo comportarse), para decidir en qué ocuparse o con quién relacionarse —elecciones y decisiones que se realizan atendiendo a unas expectativas de satisfacción (Hills & Argyle, 1998; Holder, Coleman & Sehn, 2009; Kelly, 1983)—.

En líneas generales se reconoce la interinfluencia entre ocio e identidad; no obstante, si bien predominan los trabajos en los que se destaca la incidencia del ocio sobre la identidad (entre otros: Coatsworth *et al.*, 2005; Eccles, Barber, Stone & Hunt, 2003; Kelly, 1983; Snelgrove, 2015), también hay estudios que presentan a la identidad como determinante en la elección del ocio (Peter & Williams, 2019; Vondracek & Skorikov, 1997; Wearing, Wearing, McDonald & Wearing, 2015). Con base en la conceptualización de identidad social de Tajfel (1981), podemos afirmar que, a través del ocio, las personas orientan su identidad, dado que es en el ocio donde más se pueden elegir los grupos sociales a los cuales pertenecer —pertenencia que proporciona significados emocionales y de valor—. Se trata de un escenario en el cual, a través de unas prácticas sociales comunes, la persona tiene —potencialmente— la posibilidad de reconocerse a sí misma como similar y distinta de los otros, valorar sus capacidades y potencialidades y, en definitiva, realizar un ejercicio de autorreflexión —que es la esencia de la identidad (Erikson, 1974) y la base de la apropiación del tiempo (entendida como transformación y crecimiento del *self*: Codina, 2007a)—.

Como venimos diciendo, en el ocio, la identidad es uno de los procesos protagonistas; un proceso que, a su vez, es uno de los de mayor importancia en el desarrollo de la persona —sobre todo en la transición entre etapas o cambios importantes en la vida de una persona como de persona casada a viuda (Kepic, 2019), de nativa a inmigrante, de trabajadora a jubilada, de futbolista a entrenador, o de la infancia a la adolescencia—. Así, el ocio dinamiza las identidades personal y social a lo largo del curso vital desde la definición de los roles de género (Henderson & Gibson, 2013; Kivel & Kleiber, 2000) hasta la adaptación a nuevas situaciones vitales, al incluir actividades cuya realización es, según el caso, fomento y garante de quiénes somos —o podemos ser—.

En efecto, los procesos de experimentación, consolidación y transformación que atañen a la identidad se suceden a lo largo de la vida, expresándose mediante crisis vitales que redundan en cambios de gran importancia (Erikson, 2000); unas crisis que se pueden manifestar a modo de catástrofes o transitorias. En cualquier caso, en esta dinámica, el contexto de actividades de ocio es intersticial. Por ejemplo, un rasgo identitario que el adolescente manifiesta en la cotidianidad puede resultar de los roles desempeñados previamente en los juegos de vídeo en red (González-Conde, Codina, Pestana y Fernández, 2014; Wearing et al., 2015); o bien, el buscar experiencias significativas junto a pares y familiares tras la jubilación puede ser consecuencia de la energía que sobreviene con la práctica de actividad física regular (Liechty, Genoe & Marston, 2017). Lo identitario, incluso puede ir más allá del plano individual; como señala Stebbins (1992), una actividad de ocio puede incluso vertebrar la identidad de una comunidad: por ejemplo, si en una localidad unos músicos *amateurs* organizan un festival de *jazz*, aparte de ser identificados como ejecutantes de dicho género musical, podrían hacer de su pueblo o ciudad un lugar conocido por llevarse a cabo el citado festival. Como puede observarse, lo que comienza siendo una característica de la identidad (ser músico de *jazz*) puede evolucionar hasta dar a conocer un lugar geográfico por ser sede de un determinado acontecimiento.

La importancia social del binomio ocio e identidad adquiere más valor aún cuando este ocio es instrumento o medio que aboca a la inclusión o exclusión sociales. En efecto, el ocio es promotor de la inclusión social cuando se practican actividades que son valoradas positivamente en unos contextos sociales y culturales determinados; entendiendo que estos contextos generan uniformidad al tiempo que evolucionan. En este sentido, es ilustrativo que, si bien actualmente leer o hacer actividad física son actividades de ocio valoradas positivamente tanto si las practican hombres como mujeres, a mediados del s. xx en España no se valoraba así que las mujeres practicaran actividad física —puesto que su cometido era convertirse en perfectas amas de casa—. En esta línea, podemos observar que el ocio también puede llegar a ser un magnífico escenario de construcción de identidades vinculadas a grupos sociales que crecen al margen de las normas (en sintonía con lo analizado por Rojek, 1999, 2005). Ejemplos de esta última vertiente los encontramos en fiestas organizadas cuyas características se oponen a normativas vigentes —comportamientos que por su carácter contestatario suelen favorecer, hacia determinados grupos sociales, la génesis y consolidación de estereotipos *en* y *a través* de los medios de comunicación de masas (en el caso de la prensa, ver Castrechini, Pestana y Codina, 2015)—. Se desprende de lo anterior que es en las prácticas aprobadas socialmente donde radican las mayores posibilidades de inclusión social, y esto en relación con actividades que se sitúan entre el ocio y el no ocio (v. g. jugar con los hijos), o actividades vocacionales laborales o voluntarias (v. g. reparar motos o participar en una ONG).

En un análisis más detallado de este trasfondo identitario observamos una doble vertiente. Por una parte, la que es intrínseca al ocio, la práctica de ocio tiene unos nexos e implicaciones identitarias, así este es un espacio de desarrollo y expresión de la identidad. Esto es, quien participa en un grupo de música o se recrea pintando al óleo establece y mantiene nexos identitarios, ya sea por dedicarse a la música y no a la jardinería, o pintar al óleo y no a la acuarela. Pero también, por otra parte, quien participa en un ocio comparte unos intereses y aficiones con unos colectivos y no con otros, y establece unas relaciones interpersonales condicionadas por unas aficiones concretas. No obstante, si lo que caracteriza a un determinado grupo social es no llevar a cabo determinadas tareas (por ejemplo, las escolares), estos nexos identitarios pueden incidir en otros ámbitos de la cotidianidad y, por extensión, favorecer la exclusión. Éste pudiera ser el caso de quien deje de practicar actividad física y aplicarse en los estudios porque en su grupo de amistades se valora como una pérdida de tiempo ambas prácticas (que no la ingesta alcohólica); así, el estudiante de este ejemplo quedaría fuera de las ventajas que ofrece su institución educativa a quienes son buenos deportistas y estudiantes.

A partir de las posibilidades del ocio enunciadas, resulta evidente que el análisis del ocio y la identidad debe dirigirse hacia una investigación (básica y aplicada) que tenga en cuenta la inclusión social. En este sentido, los apartados subsiguientes se centran en las evidencias científicas sobre la regularidad en el ocio como un *antídoto* de la procrastinación (Pestana *et al.*, 2020; Valenzuela, Codina y Pestana, 2020), la cual lleva a la exclusión social al postergar la práctica de comportamientos saludables (como es la actividad física o el desarrollo de las tareas académicas: Codina, Pestana, Valenzuela y Giménez, 2020); el ocio físico-deportivo como *potenciador* en las mujeres de espacios de ocio terapéutico, pues el encuentro con las iguales genera nexos que aseguran la adhesión (un excelente elemento de prevención y promoción de la salud física y psíquica: Codina y Pestana, 2012); la práctica de ocios como *facilitadora* de la autoexpresión o expresión de sí mismo en actividades como el teatro (Pestana y Codina, 2017) o la música (Valenzuela y Codina, 2014); y, finalmente, el ocio como activador de elementos clave de la gestión de sí mismo que media en diferentes fenómenos de la propia gestión del tiempo (Codina, Castillo, Pestana y Balaguer, 2020; Valenzuela, Codina, Castillo y Pestana, 2020). Tras estos cuatro apartados, sigue una valoración de las aproximaciones metodológicas del ocio, descritas en su potencial explicativo con respecto al binomio ocio-identidad; finalmente y a modo de conclusión, se reflexiona con respecto a las buenas prácticas para hacer frente a la exclusión mediante la gestión del tiempo de ocio siendo quienes somos.

2. Fomentar la inclusión social mediante el ocio

2.1. El ocio como antídoto de la procrastinación

La problemática de la procrastinación tiene con el ocio relaciones cuyas evidencias arrojan aspectos tanto negativos como positivos. En su vertiente negativa, el mismo refranero popular —con expresiones como "No dejes para mañana lo que puedas hacer hoy", "A quien madruga Dios le ayuda" o "A tu hijo dale oficio, que el ocio es padre del vicio"— sugiere que la dilación en la realización de una actividad o el destinar tiempo a actividades no prescritas como laborales, es o ha sido objeto de sanción social. Pero más allá de la herencia cultural del puritanismo —que se mantiene en nuestros días— desde una perspectiva más objetiva, como hemos apuntado, el ocio es ambivalente (Munné y Codina, 1996, 2002) y, respecto a la procrastinación, puede favorecerla o inhibirla.

En efecto, el ocio puede actuar a modo de evasión o escape para evitar afrontamientos como sentarse delante de una pantalla en blanco para escribir la introducción de la tesis doctoral, hacer un informe técnico o preparar los papeles para pagar impuestos. Pero el tiempo que se ocupa en actividades de ocio puede actuar como eje organizador o como elemento de presión para gestionar el tiempo, sin dar oportunidad al comportamiento procrastinador; por ejemplo, un adolescente que practica una actividad de ocio bajo la condición de no afectar su rendimiento académico puede generar estrategias para no procrastinar sus deberes o responsabilidades.

Abundando en estas ambivalencias en las relaciones entre ocio y procrastinación (Pestana *et al.*, 2020) se ha demostrado que la mera realización de actividades de ocio como las aficiones o *hobbies* tiende a controlar o inhibir la indecisión que caracteriza a quienes procrastinan; en cambio, una dedicación excesiva o irregular a practicar actividad física puede poner de manifiesto la presencia de otro de los factores de la procrastinación: la falta de planificación. De estas relaciones se colige la necesidad de analizar cada actividad de ocio según sus relaciones con los factores de la procrastinación, dado que lo que en la cotidianidad de una persona inhibe la procrastinación, en otros casos puede fomentarla (Grund & Fries, 2018; Patry, Blanchard & Mask, 2007).

En las relaciones entre el ocio y la procrastinación cabe atender, además, al trasfondo identitario que contribuye a definir la construcción social de la persona y otorga al ocio de un sentido terapéutico. Esto es, por necesidades identitarias, el deseo de estar y pertenecer deriva en inhibir la procrastinación en el ocio con todos los aprendizajes experienciales que esto acompaña en la competencia de la gestión del tiempo.

De estas consideraciones, se deriva que la procrastinación —como problema de gestión del tiempo— tiene en el ocio y sus procesos de identidad un aliado potencial, al posibilitar una mayor organización de la jornada y, con ello, evitar que quien procrastine se desvíe de un uso eficiente del tiempo (o lo que es lo mismo, esté incluido entre quienes gestionan adecuadamente su tiempo). No obstante, la constatación de la procrastinación con respecto a ciertas actividades también puede sugerir un trasfondo identitario que, en determinados casos, puede comportar la exclusión social.

2.2. El ocio físico-deportivo para potenciar la salud de las mujeres

Las recomendaciones orientadas a incorporar la práctica de actividad física, que favorece la salud física y psíquica de las personas, cobra especial importancia en el caso de las mujeres: en términos generales y entre otras razones, por practicar menos actividad física y por ser uno de los colectivos más beneficiados de dicha práctica. En este sentido, advertir que las mujeres sedentarias presentan más riesgos de sufrir diversas patologías que afectan negativamente su calidad de vida (a título de ejemplo: Belletiere *et al.*, 2021; Herrador-Colmenero *et al.*, 2021), favoreciendo, además, los riesgos de exclusión social (Van Bergen *et al.*, 2018).

La práctica de actividad física —entendida como el hábito de hacer ejercicio físico de manera planificada, estructura y con movimientos repetitivos que requieren un esfuerzo frecuente y regular sobre un periodo de tiempo (U.S. Department of Health and Human Services, 2008)— ha incrementado en los últimos años. Sin embargo, se sitúan por debajo de los niveles deseados el porcentaje de personas que como mínimo practican entre 20 y 30 minutos de actividad moderada al menos cinco días por semana (Powell, Paluch & Blair, 2011; World Health Organization, 2010). Así, por ejemplo, poco más del 30 % de los ciudadanos de países europeos superan los niveles de práctica recomendados (Cerin, Bauman & Owen, 2005, European Commission, 2018; Ministerio de Educación, Cultura y Deporte, 2016) y si comparamos hombres y mujeres en España, advertimos que entre los 15 y los 65 años, el porcentaje de mujeres que practican actividad física es muy inferior al de los hombres (Bauman *et al.*, 2009; García Ferrando, 2006; Moscoso y Moyano, 2009) En cifras recientes y por lo que se refiere a los niveles altos de práctica de actividad física, un 18.41 % de mujeres se ejercitan frente a un 30.29 % de hombres (Instituto Nacional de Estadística, 2021). En definitiva, hay un porcentaje elevado de mujeres que no disfrutan de beneficios de la PA en los niveles deseados para el mantenimiento y mejora de la salud.

En aras de corregir estas estadísticas, se ha investigado desde el peso de la socialización o los referentes familiares sobre las prácticas deportivas de la juventud, hasta el papel de los entrenadores o monitores deportivos sobre las motivaciones para la práctica de ciertas actividades físico-deportivas (Azar, Ball, Salmon & Cleland, 2010; Castillo, Balaguer, Duda y García-Merita, 2004; García Ferrando, 2001; Leslie *et al.*, 1999; Sallis & Owen, 1998; Ståhl *et al.*, 2001; Steptoe *et al.*, 1997; Wilson & Dollman, 2009).

En este sentido, se ha podido apreciar que uno de los elementos facilitadores de la adhesión a PA entre las mujeres, más que la socialización familiar, es el encuentro entre iguales, encuentros en los que subyacen los procesos de identidad antes descritos; específicamente, la mujer que practica actividad física y deporte está más rodeada de hermanos/as, mejores amigos/as y compañeros/as de trabajo que practican deporte —y las animan a ello—, destacando el apoyo del/ de la mejor amigo/a, tendencia que aumenta con la edad (Codina y Pestana, 2012; Codina, Pestana y Armadans, 2013; Codina, Pestana y Stebbins, 2020).

En particular, en el caso de la actividad física que es experimentada como un *hobby* centrado en el cuerpo (Codina, Pestana & Stebbins, 2020), el análisis de los factores relativos a por qué practicar actividad física en el contexto del ocio (contactar con los demás, mejorar la salud y estar al aire libre con la familia) pone de manifiesto que es más valorado el contacto con los otros antes que la salud y el autocuidado. Así pues, la promoción de este componente interpersonal aparece como útil para fomentar la actividad física entre quienes alegan circunstancias familiares para justificar la falta de práctica (en sintonía con lo apuntado por Mackay, Schofield & Oliver, 2011). Si a esto se añaden las dificultades en las relaciones sociales como favorecedoras de la exclusión (Burholt *et al.*, 2020; Woodgate et al., 2020), en el caso de la actividad física se trataría de promover su práctica atendiendo al apoyo social de los pares —referentes indiscutibles en la formación de la identidad—, así como la importancia de adquirir conocimientos y habilidades y, en definitiva, potenciar la salud y el bienestar.

2.3. El reto de la autoexpresión a partir del ocio: el teatro y la música

A lo largo de su desarrollo histórico, el ocio ha ofrecido la oportunidad de expresarse a sociedades enteras y, dentro de éstas, a sus individuos. El recorrido descrito por Munné y Codina (1996, 2002) demuestra que, en distintos períodos (como los de la antigüedad grecorromana, la época feudal, así como las consolidaciones del protestantismo y la revolución industrial), hubo formas de expresión particulares mediante la puesta en práctica de actividades específicas. Específica y respectivamente, en la antigüedad clásica griega la *skholé* exaltaba lo contemplativo, en tanto que en el Imperio romano lo lúdico del *otium* precedía la vuelta al *negotium*; en la época feudal se priorizaba la exhibición caballeresca y el misticismo; en el caso del protestantismo, predominaba el énfasis del trabajo por sobre el ocio, lo que colisionaría con la necesidad de promover y regular el tiempo de ocio tras los excesos de la primera etapa de la Revolución Industrial.

Con base en estos ejemplos, puede afirmarse que cada sociedad se muestra a través de quienes la componen mediante una serie de prácticas, poniendo de manifiesto la centralidad de la (auto)expresión en la práctica del ocio. A partir de esta premisa o constatación, revisamos los principales fundamentos del teatro y la música como actividades cuya convención como disciplinas artísticas puede establecer puentes entre identidad e inclusión social.

En el análisis de los orígenes del teatro (Pandolfi, 2001) se ha destacado el elemento psicológico de extroversión, esto es, la necesidad de expresar (i. e., exteriorizar) la realidad interior ante otros. Esta experiencia de quienes interpretan se complementaba con la catarsis (liberación de energía) que, en el caso del público, sobrevenía cuando se asistía a una representación (Aristóteles, c. 335–323 a. C./1973). Así las cosas, puede observarse que, tanto en el caso de los intérpretes como en el del público, el teatro ofrecía posibilidades de expresión. Estas posibilidades han fructificado en sendos desarrollos del teatro en la intervención clínica, como metáfora de la sociedad y como experiencia de ocio (Pestana, Valenzuela y Codina, 2020). De estos tres desarrollos, por mor de la brevedad y en el caso que nos ocupa, destacamos el teatro como experiencia de ocio.

Participar, en el tiempo de ocio, en una actividad teatral como intérprete, hace posible vivenciar otras posibilidades de sí; por ejemplo, realizar una improvisación con otros puede generar una gran proximidad (e incluso intimidad) con individuos hasta entonces desconocidos (y de formas no experimentadas con anterioridad: Pestana et al., *ibidem*). Esta experiencia de contacto social favorece una percepción de sí mismo más amplia, redundando en una expansión de la identidad personal (como se colige, entre otras aportaciones, de Layland, Hill & Nelson, 2018).

La participación en actividades teatrales, además, permite poner de manifiesto dinámicas de exclusión social y sus consecuencias en las identidades personal y social (Forysiewicz, 2020); por ejemplo, haciendo posible que personas con diversidades funcionales varias tengan, en la escena, la posibilidad de mostrar sus dificultades —y, consecuentemente, expresarse a sí mismos (Rubtsova & Sidorov, 2017; Wooster, 2009)—.

El ocio cultural —y en particular la práctica musical— permite a las personas experimentar *flow* o experiencia óptima, tanto en el contexto de los estudios superiores en música (Valenzuela, Codina & Pestana, 2018) como en la niñez —en la cual se hacen evidentes, además, las relaciones entre las identidades social y familiar vinculadas al capital cultural musical de las familias (y las respectivas experiencias de sus niños/as en la educación musical primaria: Valenzuela y Codina, 2014). La experiencia del *flow* puede ocurrir solo cuando el nivel de desafío de una actividad no es demasiado alto (frustrante) ni demasiado bajo (aburrido); a esto se añade que el *flow* facilita el crecimiento personal, dado que un desafío que hoy es óptimo puede tornarse aburrido con la práctica; por ello, una persona que desea experimentar *flow* consistentemente se pone desafíos un poco más altos cada día, a medida que se lo permiten los conocimientos y habilidades que va incorporando. La práctica musical parece contribuir también al crecimiento personal y al bienestar más allá del contexto de actividad particular, contribuyendo al *flourishing* y a un perfeccionismo adaptativo (Herrera, Matos, Gargurevich, Lira y Valenzuela, 2021).

En conjunto, el teatro y la música son dos actividades cuya realización trae consigo el descubrimiento, la potenciación (o ambos) de aspectos del sí mismo y la identidad, tanto en lo personal como en lo social. En un sentido más general, el recorrido según el cual el ocio ha vehiculado la propia expresión de sociedades e individuos otorga al teatro y la música un carácter protagónico en la escena de la autenticidad —papel no exento de tensiones en la dinámica entre fomentar la esencia del ser y adscribirse a los estándares promovidos desde lo social—. Sobre esta tensión, actividades como el teatro y la música ofrecen, además de un espacio para que diferentes colectivos accedan a actividades que no les eran accesibles previamente —en la línea de lo señalado por Johnston (2017), Mazzotta & D'Antino (2011) o Nicholson (2020)— un escenario para que propuestas inicialmente al margen (esto es, excluidas) de estándares o cánones, sean legitimadas —y por ende, incluidas, aportando una diversidad consustancial a la expresión de sí de personas y colectivos—.

2.4. La autorregulación en el horizonte de la gestión del tiempo

La autorregulación del comportamiento es una competencia no técnica cuya centralidad ha sido destacada desde la propia Unesco (2012). Una gestión del tiempo en la que predomine la autonomía resulta fundamental, quedando recogida —pero insuficientemente implementada— en la educación formal. A este respecto, la investigación de las variables que se relacionan con la autonomía resulta de interés para plantear estrategias cónsonas con el logro de esta competencia.

Desde la óptica de la teoría de la autodeterminación de la conducta (SDT, por sus siglas en inglés), autonomía es —junto con competencia y relación— una de las tres necesidades psicológicas básicas (Ryan & Deci, 2000). La satisfacción de estas competencias depende de la medida en que el contexto permite a la persona: percibirse como capaz de elegir por sí misma (autonomía); ejecutar exitosamente conductas (competencia); y sentirse, a la vez, emocionalmente próxima con sus pares o no aislada (relación). Así, según la SDT, el contexto es esencial para facilitar (o dificultar) la satisfacción de las necesidades psicológicas básicas, satisfacción que promueve la motivación de calidad (o autónoma) vinculada con diversos aspectos saludables tales como mayores niveles de persistencia, desempeño, crecimiento, integración y bienestar (Ryan & Deci, 2017). En este contexto de satisfacción de necesidades psicológicas básicas, la intervención en el tiempo de ocio del alumnado ha ido adquiriendo cada vez más protagonismo; en particular, cuando el estilo docente es percibido como de apoyo a la autonomía (Abula *et al.*, 2020; Balaguer, Castillo, Cuevas y Atienza, 2018; Schneider *et al.*, 2020; Soos *et al.*, 2019; Tilga *et al.*, 2020).

En un sentido aplicado y a título de ejemplo, un docente que quisiera facilitar la satisfacción de la necesidad de autonomía en sus estudiantes podría explicarles las razones del diseño de las actividades lúdico-pedagógicas y darles la oportunidad de opinar al respecto; esto facilitaría su percepción de autonomía y, en consecuencia, las bondades de la motivación autónoma. Por lo contario, una instrucción cuyo sentido no fuera explicado, imposibilitaría la satisfacción de la necesidad psicológica básica de autonomía (Ryan, 1995), pues, ¿cómo podría alguien saber si considera adecuado el modo de hacer algo si no conoce el por qué?

Por su parte, un estudiante que requiera desarrollar sus propias capacidades de reflexión crítica y acción autónoma indispensablemente habrá de invertir tiempo, atención y esfuerzo en construir esta capacidad. De modo que debe entenderse que un simple hábito que reproduzca acríticamente la conducta de otros no sería considerado motivación autónoma desde el punto de vista de la SDT, ni siquiera motivación controlada, sino amotivación, ya que no habría conexión entre la conducta intencional y su resultado esperado (Shen, Wingert, Li, Sun & Rukavina, 2010). Es así como la autonomía es —a la vez— una necesidad psicológica básica y una práctica consciente y *volicional* que no ocurre de manera espontánea, sino que —para ser fuente de crecimiento y bienestar— requiere ser autodeterminada por la persona.

En estudios recientes, la práctica física realizada de modo autónomo ha mostrado estar vinculada con mayores niveles de calidad de vida y menores niveles de procrastinación en población general (Codina, Pestana, Valenzuela y Giménez, 2020). En estudiantes universitarios, la autorregulación (Valenzuela, Codina, Castillo y Pestana, 2020) y también el estilo docente de apoyo a la autonomía (Codina, Valenzuela, Pestana y González-Conde, 2018) han sido vinculados con menores niveles de procrastinación.

En el caso de otra actividad como lo es la música, un estilo docente de soporte a la autonomía se asoció con niveles mayores de *flow* o experiencia óptima en la práctica de instrumento (Valenzuela *et al.*, 2018), mientras que menores niveles de satisfacción de la necesidad psicológica básica de autonomía se relacionaron con mayores niveles de motivación (Valenzuela *et al.*, 2020).

Como vemos, autorregularse es una competencia cuyo fomento radica en la satisfacción de necesidades psicológicas básicas, junto a estilos docentes específicos. Es hacia este objetivo que conviene orientar intervenciones psicosociales y educativas, de manera de formar integralmente en una adecuada gestión del tiempo, atendiendo a la importancia del ocio en el contexto escolar.

3. Los "cómos" en la investigación del ocio y la identidad: aproximaciones metodológicas

Lo incluyente o excluyente de un proceso identitario en relación con el ocio es una cuestión que requiere —dada su relatividad— contemplar tanto las perspectivas de quienes investigan como las de quienes son investigados. Esta pluralidad de perspectivas contrarresta sesgos según los cuales, por ejemplo, una actividad sea experimentada como ocio por el practicante, pero no a ojos de un observador externo. Por lo tanto, de este modo puede obtenerse una radiografía de comportamientos de ocios inclusivos y ocios excluyentes según actores y observadores.

Además de esta pluralidad, por lo que se refiere a actores y observadores, advertir que una práctica de un ocio, por sí misma, no es constructora de la identidad social, sino que lo fundamental es cómo se experimenta y valora la actividad —lo que requiere de la acción más o menos reflexiva de los individuos acerca de sí mismos y de la reafirmación mediante el reconocimiento de los otros con quienes se interactúa—. Se desprende de este aserto que, el estudio del proceso identitario tiene que contemplar también la percepción de los propios actores, ya sea a partir de unos criterios externos o criterios del propio actor.

En esta necesidad de disponer de diferentes valoraciones, para conocer e intervenir sobre los procesos de inclusión social mediante el ocio (o en el caso de no disponer de diferentes valoraciones), se requiere identificar los puntos fuertes y débiles del conocimiento disponible. A este respecto, es muy útil el esquema de trabajo que proponen Kleiber, Walker & Mannell (2011), quienes plantean que un análisis integral del ocio debe contemplar las evaluaciones que se pueden derivar desde las perspectivas del investigador y del investigado, así como desde las perspectivas objetiva (con la identificación de la actividad) y subjetiva (con el significado que se vincula a la actividad). Como se resume en la Figura 1, la combinación de estas perspectivas da lugar a cuatro aproximaciones:

Figura 1. Aproximaciones de investigación para definir y medir el ocio. Fuente: Kleiber, Walker & Mannel (2011, p. 58)

Tipo de fenómeno	Agente de definición	
	Externo	Interno
Objetivo	Aproximación al comportamiento definido por el observador	Aproximación al comportamiento de ocio definido por el participante
Subjetivo	Aproximación a la experiencia de ocio definida por el observador	Aproximación a la experiencia de ocio definida por el participante

Estas cuatro aproximaciones se entienden de la manera que sigue:

- *Comportamiento de ocio definido por el observador.* Quien investiga define como ocio o no ocio el comportamiento de la persona analizada.
- *Comportamiento de ocio definido por el participante.* Quien participa define como ocio o no ocio su propio comportamiento.
- *Experiencia de ocio definida por el observador.* Quien investiga define como ocio o no ocio la experiencia, satisfacción o significado vinculado a un episodio comportamental de la persona analizada.
- *Experiencia de ocio definida por el participante.* Quien participa define como ocio o no ocio la experiencia, satisfacción o significado vinculado a un episodio comportamental propio.

Las aproximaciones para investigar el ocio que identifican Kleiber et al. (*ibidem*), constituyen una estructura de referencia para evaluar y hacer balances respecto al estado de conocimientos sobre una temática en particular —unos conocimientos que se van acumulando a medida que se desarrolla la investigación y que representarán más o menos a las diferentes perspectivas de análisis. Con esto, es importante advertir que toda investigación es incompleta, pues difícilmente contemplará en un mismo escenario de investigación las cuatro aproximaciones. Por lo tanto, la evaluación del estado de conocimientos sobre el ocio se ha de entender en un sentido tan acumulativo y complementario como necesario.

A título de ejemplo reciente de la evaluación del estado de conocimientos respecto a problemáticas específicas, Codina y Freire (2020) han valorado cómo

se viene estudiando la incuestionable relación entre autoestima y ocio, reve-
lando que son escasos los trabajos que evalúan realmente las prácticas de ocio
relacionadas con un aumento de la autoestima (además de la actividad física
o el deporte) o qué experiencias o valoraciones de los ocios se asocian con la
autoestima. Reafirmando también el sentido práctico de guiar la investigación,
la interpretación de resultados (o ambos) de acuerdo con el planteamiento de
Kleiber et al. (ibidem), Ito, Walker & Liang (2014) advierten que los estudios
transculturales o en culturas no occidentales deben ampliar las estrategias y
metodologías de investigación.

Por nuestra parte, valoraremos las cuatro aproximaciones para definir y
medir el ocio en relación con los procesos identitarios, destacando aquellos
elementos clave útiles en la intervención para la inclusión social a través del
ocio, remarcando los retos que, como futuras líneas de trabajo, son necesarios
para una eficaz y eficiente transferencia de conocimientos.

Estándares prestablecidos para los usos del tiempo y las autodescripciones. La
existencia de clasificaciones de las actividades de la cotidianidad en los usos
del tiempo (EUROSTAT, 2009), así como la propuesta de sistemas de categorías para las respuestas relativas a quiénes somos (autodescripciones; entre
nosotros: Escobar, Montes y Sánchez Sierra, 2015), proveen sendos estándares
para homologar resultados entre distintos contextos. Esta homologación, no
obstante, dificulta la observación directa de cómo es percibida la articulación
entre el ocio y la identidad por las personas. Por ejemplo, alguien afirma que
estaba planchando ropa al mismo tiempo que pensaba en su serie favorita,
lo que le lleva a autopercibirse como friki; la singularidad de esta respuesta
tendría difícil cabida —cuando no quedaría invisibilizada por los estándares
antes citados—.

El ocio y la identidad más allá de límites determinados a priori. Sin desmedro
de los estándares en el análisis del ocio y la identidad, la participación activa
de la persona investigada coadyuva a precisar, por una parte, qué es (o no es)
ocio y en qué medida se percibe una identificación con categorías de autodescripciones; y, por otra parte, en qué grado ambas respuestas están relacionadas (Codina, 2004, 2007b). Una representación gráfica de las posibilidades que
ofrece esta alternativa, fundamentada en la participación activa de la persona
investigada, se observa en la estructura reticular de la Figura 2. Al solicitar a
los participantes en formato de pregunta de respuesta abierta asociar qué actividades de ocio se relacionan con cuáles autodescripciones, puede obtenerse
una información más fidedigna de la articulación entre ocio e identidad y la
centralidad de dicha articulación para la propia persona.

La categorización de la experiencia de ocio en sus implicaciones autorreferenciales. La mera presencia de una actividad que, tanto por quien investiga como por quien participa, es considerada ocio, requiere de datos adicionales que evidencien su experiencia —y más concretamente, en términos identitarios aportados por los participantes—. En el ámbito del ocio, el trabajo de Neulinger (1981, 1986) visibilizó la importancia de la experiencia subjetiva sobre una actividad, al tiempo que advertía sobre la transitoriedad de dicha experiencia, es decir, una misma actividad podía ser percibida en diferentes momentos como ocio o trabajo. Posteriores aportaciones afines a esta sensibilidad (Codina, 1999, 2002; Codina & Pestana, 2008; Pestana *et al.*, 2020) han evidenciado que valorar el grado en que una persona se siente libre, satisfecha y transformada —en relación con una actividad de ocio— es central para entender la importancia del ocio en la construcción y desarrollo de los procesos del *self* y de la identidad.

La singularidad de la experiencia de ocio en clave identitaria. Aún cuando las percepciones de libertad, satisfacción y transformación pueden dar cuenta de la riqueza de la experiencia de ocio en términos de la identidad, aproximaciones cualitativas a esta intersección pueden incluso devenir en nuevas perspectivas de análisis. Éste ha sido el caso de los orígenes de la perspectiva del ocio serio (Stebbins, 1992) al advertir la emergencia de nuevos modos de darse el ocio con respecto a las identidades de individuos y comunidades (Codina, 1999). Más recientemente, ejemplos de la intersección entre la experiencia de ocio y la identidad desde el punto de vista de quien participa se ha observado al analizar contextos culturales específicos (Iman & Boostani, 2012; Kehily & Pattman, 2006; Stevens, McGrath & Ward, 2019) o bien las problemáticas relativas a la identidad de género (entre otros: Hickman-Evans, Higgins, Aller, Chavez & Piercy, 2018; Layland *et al.*, 2018; Mayoh, Jones & Prince, 2020; Ong, Vorobjovas-Pinta & Lewis, 2020).

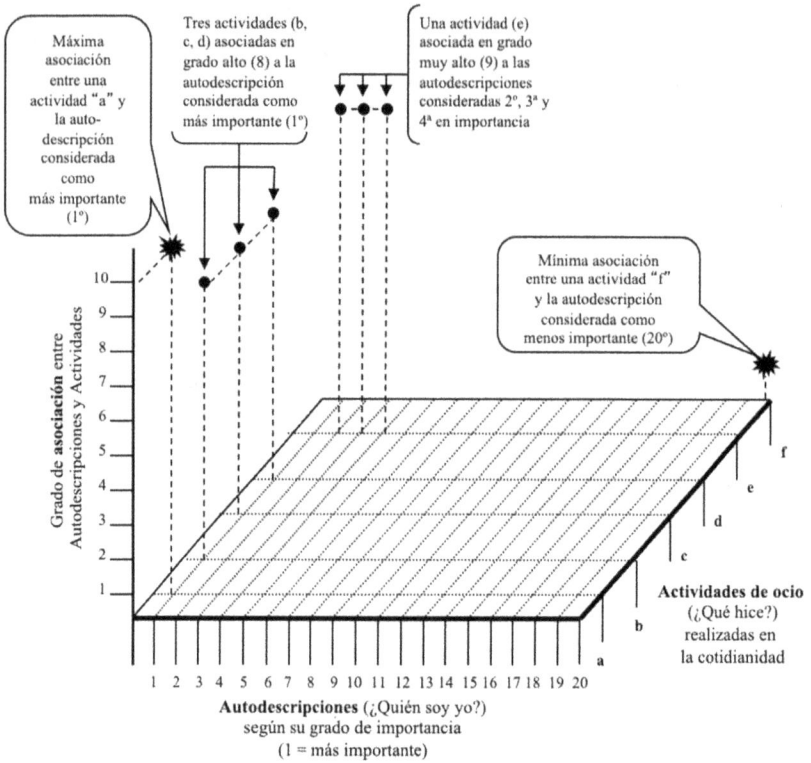

Máxima asociación entre una actividad "a" y la auto-descripción considerada como más importante (1º)

Tres actividades (b, c, d) asociadas en grado alto (8) a la autodescripción considerada como más importante (1º)

Una actividad (e) asociada en grado muy alto (9) a las autodescripciones consideradas 2º, 3ª y 4ª en importancia

Mínima asociación entre una actividad "f" y la autodescripción considerada como menos importante (20º)

Grado de **asociación** entre Autodescripciones y Actividades

Actividades de ocio (¿Qué hice?) realizadas en la cotidianidad

Autodescripciones (¿Quién soy yo?) según su grado de importancia (1 = más importante)

Figura 2. Asociaciones posibles entre autodescripciones y actividades de ocio realizadas. Fuente: Pestana & Codina, 2012

A tenor de lo expuesto anteriormente, integrar las cuatro aproximaciones en una misma investigación es tan sugerente como difícil. Ello no obsta que esta visión tetravalente permita visibilizar los avances y necesidades futuras de la investigación en el ocio (Codina y Freire, *ibidem*) y, en el caso que nos ocupa, atender a las exclusiones que comportan las citadas aproximaciones. En consecuencia, en una visión plural del ocio —como favorecedor de la experimentación, consolidación y transformación de identidades—, adquiere relevancia una investigación que articule, en relación de reciprocidad, qué hacemos para ser quienes somos, así como en qué devenimos a partir de lo que realizamos.

4. Hacia las buenas prácticas en la gestión del tiempo de ocio

La propuesta que hemos desarrollado aquí en relación con el ocio y la identidad —procrastinación, actividad física-deportiva, autoexpresión, autonomía— no obvia aportaciones previas de la temática de la exclusión; a título de ejemplo, además del campo del ocio (Poza-Vilches, Fernández-García y Ferreira, 2017), están los análisis de la exclusión desde las ópticas: ambiental (Moore, Lynch & Boyle, 2020), digital (Vasco-González, Goig y García, 2020) o económica (Contreras-Moreno, 2020; Duignan & Pappalepore, 2019). Esto nos ilustra sobre las enormes potencialidades de este ámbito de estudio, concretando líneas específicas (de reflexión, investigación, intervención) que amplían las implicaciones de la exclusión con base en el ocio y la identidad.

Los aspectos que hemos descrito señalan, de manera más o menos explícita, el doble rasero al que son proclives las relaciones entre ocio y procesos identitarios, ya que según el caso pueden favorecer la exclusión o bien hacerle frente. Así pues, a modo de conclusión, apuntamos aquí —en términos de buenas prácticas— algunos elementos clave para fomentar las relaciones entre ocio e identidad en aras de la inclusión social. A este respecto, cabría atender a los siguientes puntos.

La imbricación de la procrastinación en la cotidianidad. La mera realización de una actividad (o las inversiones de tiempo que de ella se hagan) puede estar relacionada con la procrastinación tanto en un sentido positivo como negativo. Esto nos advierte que este fenómeno debe ser estudiado dentro del contexto de la cotidianidad de la persona. En efecto un análisis integral de los usos del tiempo aparece como la estrategia más indicada para precisar si realizar —o no— una actividad es procrastinar; además, habría que tener en cuenta si esta dilación es parte de la identidad de la persona (i. e., procrastino porque lo que hago no tiene que ver con quién soy), lo que comportaría estar excluido de lo que auténticamente tiene sentido para el individuo.

El apoyo social en actividades que fomenten la salud y el bienestar. Al ser los pares un factor de gran importancia en ocios como el físico-deportivo, resulta imperiosa su consideración en las intervenciones psicosociales y educativas. En casos como el de las mujeres, el sedentarismo comporta ser excluidas de estilos de vida saludables, así como de la posibilidad de contar con redes de relaciones —y, según el caso, de apoyo social—. La interacción con los otros aparece, pues, como una estrategia para hacer frente a ambas exclusiones.

La autoexpresión en el ocio como elemento de inclusión. En actividades de ocio como el teatro y la música son consustanciales el desarrollo de aspectos de sí, tales como la identidad (personal, social) y experiencias de *flow.* En este sentido, lo que en principio puede ser una actividad ausente en la vida de la persona (o bien practicada en los márgenes de la exclusión) puede devenir en una práctica favorecedora del desarrollo de la persona (p. ej., de su identidad como artista) y, por extensión, de la inclusión social —al ser validado como tal en el seno de un grupo o comunidad—.

La autorregulación en el aula hacia otros ámbitos de interacción. Al tener la autonomía un fundamento en los estilos que el alumnado percibe de sus docentes, su fomento es crucial para los jóvenes: en particular, al integrar en su identidad una concepción de sí afín a la satisfacción de las necesidades psicológicas básicas. De este modo, el aula es un contexto en el que conocimientos y competencias han de aunarse en pro de una gestión del tiempo favorecedora de la inclusión en entornos académicos y no académicos.

En la implantación de buenas prácticas en estas cuatro temáticas, procede llevar a cabo un análisis integral de sus perspectivas de investigación. Como se ha venido argumentando, una visión sesgada en el estudio conjunto del ocio y la identidad traería consigo exclusiones de puntos de mira y vista necesarios para el avance del conocimiento básico, aplicado y de transferencia.

En conclusión, en términos de investigaciones futuras, cada uno de estos elementos puede transformarse en sendas líneas de intervención psicosocial y educativa para el fomento del bienestar.

Referencias

Abula, K., Beckmann, J., He, Z. K., Cheong, C. W., Lu, F. Q. & Gropel, P. (2020). Autonomy support in physical education promotes autonomous motivation towards leisure-time physical activity: evidence from a sample of Chinese college students. *Health Promotion International, 35*(1), E1–E10. https://doi.org/10.1093/heapro/day102.

Anderson, L. M. (2006). *The playground of today is the republic of tomorrow: Social reform and organized recreation in the USA, 1890–1930's.* https://infed.org/mobi/social-reform-and-organized-recreation-in-the-usa

Aristóteles (1973). *Poética.* Aguilar (trabajo original publicado c. 335–323 a. C.).

Azar, D., Ball, K., Salmon, J. & Cleland, V. J. (2010). Physical activity correlates in young women with depressive symptoms: a qualitative study. *International Journal of Behavioral Nutrition and Physical Activity, 7,* 3–11.

Balaguer, I., Castillo, I., Cuevas, R. & Atienza, F. (2018) The Importance of Coaches' Autonomy Support in the Leisure Experience and Well-Being of Young Footballers. *Frontiers in Psychology*, 9, 840. https://doi.org/10.3389/fpsyg.2018.00840.

Bauman, A., Bull, F., Chey, T., Craig, C. L., Ainsworth, B. E., Sallis, J. F., Bowles, H. R., Hagstromer, M., Sjostrom, M., Pratt, M. & IPS Group. (2009). The International Prevalence Study on Physical Activity: results from 20 countries. *International Journal of Behavioral Nutrition and Physical Activity*, 6, 21. https://doi.org/10.1186/1479-5868-6-21.

Burholt, V., Winter, B., Aartsen, M., Constantinou, C., Dahlberg, L., Villar, F., Gierveld, J. D. J., Van Regenmortel, S. & Waldegrave, C. (2020). A critical review and development of a conceptual model of exclusion from social relations for older people. *European Journal of Ageing*, 17, 3–19. https://doi.org/10.1007/s10433-019-00506-0.

Castillo, I., Balaguer, I., Duda, J. L. y García-Merita, M. L. (2004). Factores psicosociales asociados con la participación deportiva en la adolescencia. *Revista Latinoamericana de Psicología*, 36 (3), 505–515.

Castrechini, Á., Pestana, J. V., y Codina, N. (2015). El ocio juvenil en las imágenes de la prensa: entre la estereotipia y la ambigüedad. *Pedagogía Social. Revista Interuniversitaria*, 25, 91–118. https://doi.org/10.7179/PSRI_2015.25.05.

Cerin, E., Leslie, E., Bauman, A. & Owen, N. (2005). Levels of Physical Activity for Colon Cancer Prevention Compared with Generic Public Health Recommendations: Population Prevalence and Sociodemographic Correlates. *Cancer Epidemiology, Biomarkers & Prevention*, 14(4), 1000–1002. https://doi.org/10.1158/1055-9965.EPI-04-0622.

Coatsworth, J. D., Sharp, E. H., Palen, L., Darling, N., Cumsille, P. & Marta, E. (2005). Exploring adolescent self-defining leisure activities and identity experiences across three countries. *International Journal of Behavioral Development*, 29(5), 361–370.

Codina, N. (1990). *Recreación y tiempo libre en los Estados Unidos: evolución sociocultural e investigación del comportamiento en el ocio.* (Tesis doctoral). Universitat de Barcelona, Barcelona. http://www.tdx.cat/TDX-0602110-092056.

Codina, N. (1999). Tendencias emergentes en el comportamiento de ocio: el ocio serio y su evaluación. *Revista de Psicología Social*, 14(2–3), 331–346.

Codina, N. (2002). El ocio en el sistema complejo del *self*. En M. J. Cava (Ed.). *Propuestas alternativas de investigación sobre ocio* (pp. 57–72). Universidad de Deusto.

Codina, N. (2004). Una aproximación a la complejidad del tiempo libre y del *self* mediante la aplicación cualitativa secuencial de los presupuestos de tiempo. *Encuentros en Psicología Social*, 2(1), 337–340.

Codina, N. (2007a). Entre el ocio, el turismo y el consumo. El tiempo y la apropiación del tiempo. En J. Romay Martínez (*Ed.*). *Perspectivas y retrospectivas de la Psicología Social en los albores del siglo XXI* (pp. 205 –214). Biblioteca Nueva.

Codina, N. (2007b). Psicología social del ocio y del tiempo libre. Su constante quehacer y su carácter "fuzzy". En M. J. Monteagudo Sánchez (Ed.). *El Ocio en la investigación actual. Una lectura desde ámbitos, disciplinas, grupos de población y contextos geográficos* (pp. 157–173). Universidad de Deusto.

Codina, N., Castillo, I., Pestana, J. V. & Balaguer, I. (2020). Preventing Procrastination Beha-
viours: Teaching Styles and Competence in University Students. *Sustainability, 12*(6),
2448. https://doi.org/10.3390/su12062448.

Codina, N. & Freire, T. (2020). Imbalances in the Study of the Relationship Between Leisure
and Self-Esteem: A Systematic Review. *International Journal of Environmental Research and
Public Health, 15*, 5555. https://doi.org/10.3390/ijerph17155555.

Codina, N. y Pestana, J. V. (2008). Investigación del ocio y del self desde el paradigma de
la complejidad. Una aplicación de la técnica del presupuesto de tiempo y del Twenty-
Statement Test. En E. Aguilar Gutiérrez (Ed.). *El influjo del tiempo en la vivencia del ocio.
Transformaciones, oportunidades y riesgos en la sociedad apresurada* (pp. 135–147). Universidad de Deusto.

Codina, N. y Pestana, J. V. (2012). Estudio de la relación del entorno psicosocial en la práctica
deportiva de la mujer. *Revista de Psicología del Deporte, 21*(2), 243–251.

Codina, N. & Pestana, J. V. (2017). Two sides of time in the leisure experience of youth: Time
investment and time perspectives. *Loisir et Société / Society and Leisure, 40* (3), 310–323.
https://doi.org/10.1080/07053436.2017.1378508

Codina, N. & Pestana, J. V. (2019). Time Matters Differently in Leisure Experience for Men
and Women: Leisure Dedication and Time Perspective. *International Journal of Environmental Research and Public Health, 16*(14), 2513. https://doi.org/10.3390/ijerph16142513

Codina, N., Pestana, J. V. & Armadans, I. (2013). Physical activity (PA) among middle-aged
women: Initial and current influences and patterns of participation. *Journal of Women &
Aging, 25*(3), 260–272. https://doi.org/10.1080/08952841.2013.791605

Codina, N., Pestana, J. V, Valenzuela, R. & Giménez, N. (2020). Procrastination at the Core of
Physical Activity (PA) and Perceived Quality of Life: A New Approach for Counteracting
Lower Levels of PA Practice. *International Journal of Environmental Research and Public
Health (17)*, 3413. https://doi.org/10.3390/ijerph17103413

Codina, N., Pestana, J. V. y Ponce de León Elizondo, A. (2018). Tiempos dedicados al ocio
físico-deportivo y perspectivas temporales: (Re)velando vulnerabilidades. *Pedagogía
Social. Revista Interuniversitaria (31)*, 59–69. https://doi.org/10.SE7179/PSRI_2018.31.05

Codina, N., Pestana, J. V. & Stebbins, R. A. (2017). Serious and casual leisure activities in
the construction of young adult identity: a study based on participants' self-descriptions.
OBETS. Revista de Ciencias Sociales, 12(Extra 1), 65–80.

Codina, N., Pestana, J. V. & Stebbins, R. A. (2020). Fitness Training As a Body-Centered
Hobby: the Serious Leisure Perspective for Explaining Exercise Practice. *Revista de Psicología del Deporte, 29*(2), 73–81.

Codina, N., Valenzuela, R. y Pestana, J. V. (2020). De la percepción a los usos del tiempo: Perspectiva temporal y procrastinación en adultos en España. *Revista Española de Pedagogía,
79*, 277, 435–456. https://doi.org/10.22550/REP78-3-2020-04.

Codina, N., Valenzuela, R., Pestana, J. V. & Gonzalez-Conde, J. (2018). Relations Between
Student Procrastination and Teaching Styles: Autonomy-Supportive and Controlling.
Frontiers in Psychology, 9, 809. https://doi.org/10.3389/fpsyg.2018.00809

Contreras-Montero, B. (2020). Una revisión del concepto de exclusión social y su aplicación a la sociedad española tras la crisis económica mundial. Una visión de proceso. *Trabajo Social Global – Global Social Work, 10*(19), 3–24. https://doi.org/10.30827/tsg-gsw.v10i19.13582.

Duignan, M. B. & Pappalepore, I. (2019). Visitor (im)mobility, leisure consumption and mega-event impact: the territorialisation of Greenwich and small business exclusion at the London 2012 Olympics. *Leisure Studies, 38*(2), 160–174. https://doi.org/10.1080/02614 367.2019.1572212

Eccles, J. S., Barber, B. L., Stone, M. & Hunt, J. (2003). Extracurricular activities and adolescent development. *Journal of Social Issues, 59*(4), 865–889. https://doi.org/10.1046/j.002 2-4537.2003.00095.x

Erikson, E. H. (1974). *Identidad, juventud y crisis* (M. Caleano, trad.). Paidós (Trabajo original publicado en 1968).

Erikson, E. H. (2000). *El ciclo vital completado: Edición revisada y ampliada* (R. Sarró Maluquer, trad.). Paidós (Trabajo original publicado en 1997).

Escobar, M., Montes, E. y Sánchez-Sierra, M. (2015). Sentido, referencia y atribución en las descripciones personales. Una nueva perspectiva del TST. *Revista Española de Sociología, 24*, 25–41.

European Commission (2018). *Special Eurobarometer 472: Sport and Physical Activity.* http:// ec.europa.eu/commfrontoffice/publicopinion/index.cfm/survey/getsurveydetail/instrume nts/special/surveyky/2164

EUROSTAT (2009). *Harmonised European Time Use Surveys, 2008 Guidelines.* http://ec.europa. eu/eurostat/ramon/statmanuals/files/KS-RA-08-014-EN.pdf

Forysiewicz, B. (2020). Forum Theatre in prevention of exclusion from a peer group in the school space. *Journal of Education, Culture and Society, 2*, 335–342.

García Ferrando, M. (2001). *Los españoles y el deporte: prácticas y comportamientos en la última década del siglo XX. Encuesta sobre los hábitos deportivos de los españoles, 2000.* Ministerio de Educación, Cultura y Deporte. CSD.

García Ferrando, M. (2006). *Posmodernidad y deporte: entre la individualización y la masificación. Encuesta sobre hábitos deportivos de los españoles 2005.* CSD y CIS.

González-Conde, J., Codina, N., Pestana, J. V. y Fernández, O. A. (2014). De serious game a serious gaming: Una aproximación multidimensional para la investigación e intervención con juegos digitales. En G. Pérez Serrano & Á. De-Juanas Oliva (Eds.). *Educación y jóvenes en tiempos de cambio* (pp. 345–355). Universidad Nacional de Educación a Distancia y Grupo de Investigación de Intervención Socioeducativa en Contextos Sociales.

Grund, A. & Fries, S. (2018). Understanding Procrastination A Motivational Approach. *Personality and Individual Differences, 121*, 120–130.

Haggard, L. M. & Williams, D. R. (1992) Identity affirmation through leisure activities: leisure symbols of the self. *Journal of Leisure Research, 24*(1), 1–18. https://doi.org/10.1080/00222 216.1992.11969868

Henderson, K. A. & Gibson, H. J. (2013). An integrative review of women, gender, and leisure: Increasing complexities. *Journal of Leisure Research, 45*(2), 115–135.

Herrador-Comenero, M., Segura-Jiménez, V., Álvarez-Gallardo, I. C., Soriano-Maldonado, A., Camiletti-Moiron, D., Delgado-Fernández, M. & Chillón, P. (2021). Is active commuting associated with sedentary behaviour and physical activity in women with fibromyalgia? The al-andalus Project. *Disability and Rehabilitation*. https://doi.org/10.1080/09638288.2021.1884758.

Herrera, D., Matos, L., Gargurevich, R., Lira, B. & Valenzuela, R. (2021). Context Matters: Teaching Styles and Basic Psychological Needs Predicting Flourishing and Perfectionism in University Music Students. *Frontiers in Psychology, 12*, 623312. https://doi.org/10.3389/fpsyg.2021.623312.

Hickman-Evans, C. Higgins, J. P., Aller, T. B., Chavez, J, & Piercy, K. W. (2018). Newlywed Couple Leisure: Couple Identity Formation Through Leisure Time. *Marriage and Family Review, 54*(2), 105–127. https://doi.org/10.1080/01494929.2017.1297756.

Hills, P. & Argyle, M. (1998). Musical and religious experiences and their relationship to happiness. *Personality and Individual Differences, 25*, 91–92.

Holder, M. D., Coleman, B. & Sehn, Z. L. (2009). The contributions of active and passive leisure to children's well-being. *Journal of Health Psychology, 14*(3), 378–386.

Iman, M.T. & Boostani, D. (2012). A qualitative investigation of the intersection of leisure and identity among high school students: application of grounded theory. *Quality & Quantity, 46*, 483–499. https://doi.org/10.1007/s11135-010-9382-0

Instituto Nacional de Estadística (2021, abril 5). *Encuesta nacional de salud*. https://www.ine.es/dynt3/inebase/es/index.htm?type=pcaxis&path=/t15/p419/a2017/p06/&file=pcaxis

Ito, E., Walker, G.J. & Liang, H. (2014) A Systematic Review of Non-Western and Cross-Cultural/National Leisure Research. *Journal of Leisure Research, 46*(2), 226–239. https://doi.org/10.1080/00222216.2014.11950322.

Johnston, K. (2017). From republicans to hacktivists: recent inclusion initiatives in Canadian theatre RIDE: *The Journal of Applied Theatre and Performance, 22*(3), 352–362. v https://doi.org/10.1080/13569783.2017.1324776..

Kehily, M. J. & Pattman, R. (2006). Middle-class struggle? Identity-work and leisure among sixth formers in the United Kingdom. *British Journal of Sociology of Education, 27*(1), 37–52. https://doi.org/10.1080/01425690500376721.

Kelly, J. R. (1983). *Leisure identities and interactions*. George Allen & Unwin.

Kepic, M. (2019). Life Satisfaction After Spousal Loss: The Potential Influence of Age, Gender, and Leisure. *Adultspan Journal, 18*(2), 85–98. https://doi.org/10.1002/adsp.12079

Kivel, B. D. & Kleiber, D. A. (2000). Leisure in the identity formation of lesbian/gay youth: Personal, but not social. *Leisure Sciences, 22*(4), 215–232.

Kleiber, D. A. (1999). *Leisure experience and human development: A dialectical interpretation*. Basicbooks.

Kleiber, D. A. & McGuire, F. A. (Eds.) (2016). *Leisure and human development*. Sagamore Publishing.

Kleiber, D. A., Walker, G. J. & Mannell, R. C. (2011). *A social psychology of leisure (Second Ed)*. Venture Publishing, Inc.

Layland, E. K., Hill, B. J. & Nelson, L. J. (2018). Freedom to explore the self: How emerging adults use leisure to develop identity. *Journal of Positive Psychology, 13*(1), 78–91. https://doi.org/10.1080/17439760.2017.1374440.

Leslie, E., Owen, N., Salmon, J., Bauman, A., Sallis, J. F. & Lo, S. K. (1999). Insufficiently active Australian college students: perceived personal, social, and environmental influences. *Preventive Medicine, 28*, 20–27.

Liechty, T., Genoe, M. R. & Marston, H. R. (2017). Physically active leisure and the transition to retirement: the value of context. *Annals of Leisure Research, 20*(1), 23–38. https://doi.org/10.1080/11745398.2016.1187570

Mackay, L. M., Schofield, G. M. & Oliver, M. (2011). Measuring physical activity and sedentary behaviors in women with young children: a systematic review. *Women Health, 51*(4), 400–421. https://doi.org/10.1080/03630242.2011.574794.

Mahoney, J. L., Stattin, H. & Lord, H. (2004). Unstructured youth recreation centre participation and antisocial behaviour development: Selection influences and the moderating role of antisocial peers. *International Journal of Behavioral Development, 28*, 553–560.

Mayoh, J., Jones, I. & Prince, S. (2020), Women's Experiences of Embodied Identity through Active Leisure. *Leisure Sciences, 42*(2), 170–184. https://doi.org/10.1080/01490400.2018.1458668

Mazzota, M. J. S. & D'Antino, M. E. F. (2011). Inclusão social de pessoas com deficiências e necessidades especiais: cultura, educação e lazer. *Saúde e Sociedade, 20*(2), 377–389.

Ministerio de Educación, Cultura y Deporte (2016). *Actividad física y prevalencia de patologías en la población española*. Agencia Española de Protección de la Salud en el Deporte.

Moore, A., Lynch, H. & Boyle, B. (2020). Can universal design support outdoor play, social participation, and inclusion in public playgrounds? A scoping review. *Disability and Rehabilitation*. https://doi.org/10.1080/09638288.2020.1858353.

Moscoso, D. & Moyano, E. (Coords.) (2009). *Deporte, salud y calidad de vida*. Fundación La Caixa.

Munné, F. y Codina, N. (1996). Psicología social del ocio y del tiempo libre. En A. Garrido, J. L. Álvaro y J. R. Torregrosa (Dirs.), *Psicología social aplicada* (pp. 429–448). McGraw Hill.

Munné, F. y Codina, N. (2002). Ocio y tiempo libre: consideraciones desde una perspectiva psicosocial. *Licere, 5*(1), 59–72.

Neulinger, J. (1981). *The Psychology of Leisure* (2.ª ed. rev.). Charles C. Thomas Publisher.

Neulinger, J. (1986). *What am I doing?* The Leisure Institute.

Nicholson, H. (2020) Labours of social inclusion: amateur, professional, community theatres. *Studies in Theatre and Performance, 40*(3), 303–308. https://doi.org/10.1080/14682761.2020.1807207.

Ong, F., Vorobjovas-Pinta, O. & Lewis, C. (2020). LGBTIQ plus identities in tourism and leisure research: a systematic qualitative literature review. *Journal of Sustainable Tourism*. https://doi.org/10.1080/09669582.2020.1828430.

Pandolfi, V. (2001). *Història del Teatre: Vol. 1.* (J. Fuster, trad.) (2.ª ed.). Barcelona: Institut del Teatre de la Diputació de Barcelona (trabajo original publicado en 1964).

Patry, D. A., Blanchard, C. M. & Mask, L. (2007). Measuring university students' regulatory leisure coping styles: Planned breathers or avoidance? *Leisure Sciences, 29*(3), 247–265. https://doi.org/10.1080/01490400701257963.

Pestana, J. V. y Codina, N. (2012). El teatro como ocio revelador y transformador del *self.* En C. Ortega Nuere & R. San Salvador del Valle Doistua (Eds.). *Ocio e innovación para un compromiso social, responsable y sostenible* (pp. 81–92). Universidad de Deusto.

Pestana, J. V. & Codina, N. (2017). How to analyse the experience of serious leisure onstage: actors and spectators. *World Leisure Journal, 59*(3), 240–248. https://doi.org/10.1080/16078055.2017.1345488

Pestana, J. V., Codina, N. & Valenzuela, R. (2020). Leisure and Procrastination, a Quest for Autonomy in Free Time Investments: Task Avoidance or Accomplishment? *Frontiers in Psychology, 10,* 2918. https://doi.org/10.3389/fpsyg.2019.02918

Pestana, J. V., Valenzuela, R. & Codina, N. (2020). Theatrical performance as leisure experience: Its role in the development of the self. *Frontiers in Psychology, 11,* 1439. https://doi.org/10.3389/fpsyg.2020.01439

Peter, B. & Williams, L. (2019). One Foot in the Rave: Aging Ravers' Transitions to Adulthood and Their Participation in Rave Culture. *Leisure Sciences.* https://doi.org/10.1080/01490400.2019.1675560

Powell, K. E., Paluch, A. E. & Blair, S. N. (2011). Physical activity for health: What kind? How much? How intense? On top of what? *Annual Review of Public Health, 32,* 349–365. https://doi.org/10.1146/annurev-publhealth-031210-101151.

Poza-Vilches, F., Fernández-García, A. y Ferreira Delgado, J. P. (2017). Buenas prácticas de intervención social en relación al ocio con jóvenes en riesgo de exclusión desde la percepción de los agentes sociales. OBETS. *Revista de Ciencias Sociales, 12* (Extra 1), 203–228.

Rojek, C. (1999). Deviant leisure: the dark side of free-time activity. In E. Jackson & L. Burton (Eds.). *Leisure Studies* (pp. 81–93). State College, PA: Venture.

Rojek, C. (2005). *Leisure Theory. Principles and Practices.* Palgrave Macmillan.

Rubtsova, O. V. & Sidorov, A. V. (2017). "Special theatre" as a tool of social inclusion: Russian and international experience. *Cultural-Historical Psychology, 13*(1), 68–80. https://doi.org/10.17759/chp.2017130107.

Ryan R. M. (1995), Psychological Needs and the Facilitation of Integrative Processes. *Journal of Personality, 63,* 397–427.

Ryan R. M. & Deci E. L. (2017). *Self-Determination Theory. Basic Psychological Needs in Motivation, Development, and Wellness.* Guilford.

Ryan R. M. & Deci E. L. (2000). Self-determination theory and the facilitation of intrinsic motivation, social development, and well-being. *American Psychologist, 55,* 68–78.

Sallis, J. F. & Owen, N. (1998). *Physical activity and behavioral medicine. Behavioral medicine and health psychology, Series 3.* SAGE.

Schneider, J., Polet, J., Hassandra, M., Lintunen, T., Laukkanen, A., Hankonen, N., Hirvensalo, M., Tammelin, T. H., Tormakangas, T. & Hagger, M. S. (2020). Testing a physical education-delivered autonomy supportive intervention to promote leisure-time physical activity in lower secondary school students: the PETALS trial. *BMC Public Health, 20*(1), 1438. https://doi.org/10.1186/s12889-020-09518-3.

Shen B., Wingert, R. K., Li, W., Sun, H. & Rukavina P. B. (2010). An Amotivation Model in Physical Education. *Journal of Teaching in Physical Education, 29*, 72–84.

Snelgrove, R. (2015). Youth with chronic illness forming identities through leisure. *Journal of Leisure Research, 47*(1), 154–173. https://doi.org/10.1080/00222216.2015.11950355

Soos, I., Dizmatsek, I., Ling, J., Ojelabi, A., Simonek, J., Boros-Balint, I., Szabo, P., Szabo, A. & Hamar, P. (2019). Perceived Autonomy Support and Motivation in Young People: A Comparative Investigation of Physical Education and Leisure-Time in Four Countries. *Europe's Journal of Psychology, 15*(3), 509–530. https://doi.org/10.5964/ejop.v15i3.1735.

Ståhl, T., Rütten, A., Nutbeam, D., Bauman, A., Kannas, L., Abel, T., Lüschen, G., Rodriguez, D. J. A., Vinck, J. & van der Zee, J. (2001). The importance of the social environment for physically active lifestyle —results from an international study. *Social Science & Medicine, 52*(1), 1–10.

Stebbins, R. A. (1992). *Amateurs, Professionals, and Serious Leisure.* McGill-Queen's University Press.

Steptoe, A., Wardle, J., Fuller, R., Holte, A., Justo, J., Sanderman, R. & Wichstrom, L. (1997). Leisure-time physical exercise: prevalence, attitudinal correlates, and behavioral correlates among young Europeans from 21 countries. *Preventive Medicine, 26*, 845–854.

Stevens, K., McGrath, R. & Ward, E. (2019). Identifying the influence of leisure-based social circus on the health and well-being of young people in Australia. *Annals of Leisure Research, 22*(3), 305–322. https://doi.org/10.1080/11745398.2018.1537854.

Tajfel, H. (1981). *Human groups and social categories.* Cambridge University Press.

Tilga, H., Kalajas-Tilga, H., Hein, V., Raudsepp, L. & Koka, A. (2020). How does perceived autonomy-supportive and controlling behaviour in physical education relate to adolescents' leisure-time physical activity participation? *Kinesiology, 52*(2), 265–272. https://doi.org/10.26582/k.52.2.13.

Unesco (2012). *Los jóvenes y las competencias. Trabajar con la educación.* Disponible en: http://unesdoc.unesco.org/images/0021/002180/218083s.pdf.

U.S. Department of Health and Human Services. (2008). *Physical Activity Guidelines Advisory Committee report.* Autor.

Valenzuela, R. & Codina, N. (2014). Habitus and flow in primary school musical practice: relations between family musical cultural capital, optimal experience and music participation. *Music Education Research, 16*(4), 505–520. https://doi.org/10.1080/14613808.2013.859660

Valenzuela R., Codina N. & Pestana J. V. (2018). Self-determination theory applied to flow in conservatoire music practice: The roles of perceived autonomy and competence, and autonomous and controlled motivation. *Psychology of Music, 46*(1), 33–48.

Valenzuela, R., Codina, N., Castillo, I. & Pestana, J. V. (2020). Young University Students' Academic Self-Regulation Profiles and Their Associated Procrastination: Autonomous Functioning Requires Self-Regulated Operations. *Frontiers in Psychology, 11*, 354. https://doi.org/10.3389/fpsyg.2020.00354.

Van Bergen, A. P. L., Wolf, J. R. L. M., Badou, M., de Wilde-Schutten, K., Jzelenberg, W. I., Schreus, H., Carlier, B., Hoff, S. J. M. & van Hemert, A. M. (2018). The association between social exclusion or inclusion and health in EU and OECD countries: a systematic review. *The European Journal of Public Health, 29*(3), 575–582. https://doi.org/10.1093/eur pub/cky143.

Vasco-González, M., Goig, R., y García, M. (2020). Percepción de los educadores sociales sobre el ocio digital educativo para la inclusión de los jóvenes en dificultad social. *Pedagogía Social. Revista Interuniversitaria, 36*, 97–110. https://doi.org/10.7179/PSRI_2020.36.06.

Vondracek, F. W. & Skorikov, V. B. (1997). Leisure, school, and work activity preferences and their role in vocational identity development. *The Career Development Quarterly, 45*(4), 322–340. https://doi.org/10.1002/j.2161-0045.1997.tb00537.x

Wearing, S. L., Wearing, J., McDonald, M. & Wearing, M. (2015). Leisure in a world of 'com-pu-pu-pu-pu-pu-pu-pu-pu-pu-pu-puter-puter, puter games': a father and son conversation. *Annals of Leisure Research, 18*(2), 219–234. https://doi.org/10.1080/11745398.2014.996764

Wilson, A. N. & Dollman, J. (2009). Social influences on physical activity in Anglo-Australian and Vietnamese-Australian adolescent females in a single sex school. *Journal of Science and Medicine in Sport, 12*(1), 119–122.

World Health Organization (2010). *Global Recommendations on Physical Activity for Health.* Autor.

Woodgate, R. L. Gonzalez, M., Demczuk, L., Snow, W. M., Barriage S. & Kirk, S. (2020). How do peers promote social inclusion of children with disabilities? A mixed-methods systematic review, *Disability and Rehabilitation, 42*(18), 2553–2579, https://doi.org/10.1080/09638 288.2018.1561955

Wooster, R. (2009). Creative inclusion in community theatre: a journey with Odyssey Theatre. *RiDE: The Journal of Applied Theatre and Performance, 14*(1), 79–90.

DEL DEPORTE AL OCIO ACTIVO: HACIA UN ENFOQUE COMUNITARIO E INCLUSIVO

Raúl Fraguela-Vale

Miriam Carretero-García

Lara Varela-Garrote

Universidad de A Coruña

Además de los beneficios que tienen en común con otros tipos de ocio, las actividades físico-deportivas generan efectos beneficiosos sobre la salud y ayudan a compensar los ritmos de vida cada vez más sedentarios de las sociedades posmodernas. Sin embargo, existe una gran desigualdad en el acceso al ocio activo[1], ya sea por motivos de carácter económico, social o cultural. Los estudios indican que los problemas asociados a la falta de actividad física afectan especialmente a las poblaciones más desfavorecidas (personas en riesgo de exclusión social, con discapacidad, poblaciones rurales o minorías entre otros). Estos colectivos no solo encuentran mayores barreras en el acceso a los programas de ocio activo (Ferreira et al., 2018), sino que estas dificultades generan problemas de salud asociados a la falta de actividad física como el sedentarismo, la obesidad y otras enfermedades, que surgen en edades cada vez más tempranas (Singh et al., 2008).

El enfoque de los programas de ocio activo ha estado tradicionalmente vinculado al modelo piramidal del deporte competitivo, en el que la selección y el apoyo a los más hábiles o físicamente competentes es la norma, lo que deriva en una vivencia negativa de la actividad física para muchos jóvenes (Fraser-Thomas & Cote, 2009). A nivel global la oferta físico-deportiva de ocio es amplia y abundante, pero mayoritariamente accesible a aquellos que demuestran una mayor competencia motriz. En algunos países una parte importante de los recursos disponibles para el fomento de la práctica de actividad física acaba destinándose a programas de captación de talentos deportivos que benefician a los más hábiles. Para aquellos que no poseen una especial competencia motriz, el acceso a los programas y beneficios del ocio activo es mucho más complejo, especialmente si se trata de colectivos desfavorecidos (Ransdell & Wells, 1998; Wijtzes et al., 2014). A la discriminación y desigualdad existente en otros tipos de ocio (por motivos de género, sociales, económicos, etc.) hay que unir una discriminación por nivel de habilidad motriz, que está socialmente aceptada. Tanto los participantes y sus familias como los educadores y entrenadores y las propias instituciones, aceptan tácitamente que los más hábiles tengan prioridad en el acceso a las actividades físico-deportivas. Desde el punto de vista del derecho al ocio es necesario emprender acciones para compensar este desequilibrio y garantizar el acceso a los recursos de actividad física a toda la población (Conn & Coon, 2016; Lee, 2005).

En esta línea, han surgido diversas iniciativas que persiguen el desarrollo de un enfoque de ocio inclusivo donde el rendimiento y el nivel de habilidad no ocupen un lugar central. El desarrollo de equipamientos para favorecer el desplazamiento a pie o en bicicleta, el aumento de la seguridad vial, o el desarrollo de oportunidades en el ámbito de la comunidad local son acciones capaces de estimular la práctica de actividad física en todo el espectro socioeconómico (Van Cauwenberg et al., 2019). En este capítulo se describen algunas de las características de los programas de ocio activo que se han mostrado efectivos en el fomento de la vida activa de sus comunidades y se presentan también a modo de buenas prácticas, algunas iniciativas de ocio inclusivo en la esfera de la actividad física y deportiva.

1. La transferencia del conocimiento en el ámbito del ocio activo

Una parte importante de la investigación relacionada con el ocio activo nos llega desde el ámbito de la salud ligado a las ciencias del comportamiento y al concepto de *vida activa*. Ya sea bajo la denominación de salud púbica, medicina comunitaria, políticas de salud, etc., existe una rama de las ciencias de la salud ligada al comportamiento y a las dinámicas sociales desde la que se presta atención a la transferencia de los resultados de investigación a la acción social y las decisiones políticas. Desde otras áreas de investigación ligadas al ocio activo como las ciencias del deporte, la recreación o el turismo activo, no se ha producido un debate tan intenso sobre el impacto de la evidencia científica en la vida de las personas, especialmente de aquellas más desfavorecidas.

El ámbito biomédico ha tenido una gran influencia en el desarrollo de la investigación de las ciencias de la actividad física y del deporte, por lo que no resulta extraño que, al abordar la cuestión de la transferencia de los resultados, hayan surgido voces que defienden la aplicación de los principios de la medicina clínica: la toma de decisiones basada en la evidencia científica. Basándose en el rigor y la veracidad de la información científica se argumenta que la evidencia debe prevalecer por encima de las opiniones para tomar las mejores decisiones posibles y que estas tengan impacto en las comunidades, contribuyendo a la lucha contra las desigualdades en materia de salud pública (Bambra et al., 2010). Sin embargo, este principio no puede aplicarse de la misma manera en las ciencias sociales que en las biomédicas (Biestra, 2007) y la transformación de la evidencia científica en acciones políticas que generen cambios en la sociedad no se está produciendo al ritmo necesario para desarrollar un enfoque comunitario e inclusivo del ocio activo accesible para la mayoría de la población. Green (2006) reclama mayor atención por parte de la investigación sobre los programas que se desarrollan en la práctica para que la evidencia sea útil en la toma de decisiones. Se critica que los estudios se realicen por y para el ámbito académico y que se le preste escasa atención a los procesos prácticos y a las prioridades políticas (Oliver et al., 2014). Autores como Asthana y Halliday (2006) han destacado las limitaciones del uso de revisiones sistemáticas de la evidencia científica para orientar y justificar las decisiones políticas y la lucha contra las desigualdades, reclamando que estas revisiones se integren en estructuras de análisis más amplias. Sin embargo y a pesar del interés del tema, no abundan los trabajos que profundicen en la interacción entre las dinámicas políticas y la evidencia científica para alcanzar objetivos sociales y políticos (Smith & Weishaar, 2018) y existe una necesidad urgente de aumentar el conocimiento sobre si la evidencia científica está ayudando a compensar las desigualdades (Orton et al., 2011a) o causando el efecto contrario. Desde algunos sectores se denuncia que la transferencia del conocimiento científico no está ayudando suficientemente a impulsar los cambios sociales necesarios y que, de alguna manera, podría estar contribuyendo a perpetuar la desigualdad. Las narrativas dominantes en la investigación pueden transmitir a la sociedad una idea tan negativa de la situación que producen el efecto contrario al deseado. En lugar de generar iniciativas para solucionar o compensar las problemáticas identificadas por la investigación, se genera un sentimiento de inevitabilidad y resignación que orienta la iniciativa social y política hacia otras temáticas "menos complejas" de abordar. Para ilustrar esta idea recurrimos al ámbito de la educación física. Oliver y Kirk (2015) refiriéndose a las diferencias de género en el ámbito de la educación física escolar, indican que los investigadores y los medios de comunicación han contribuido a reproducir y reforzar la narrativa dominante en la investigación de que, en general, las chicas realizan menos actividad física y se interesan menos por la materia de Educación Física. Siendo esto verdad, el hecho de que la investigación se haya centrado década tras década en confirmar que la brecha de género existe más que en reducirla, ha asentado en la sociedad y en los responsables de la política educativa una sensación de impotencia ante un problema complejo. Esto mismo es aplicable a las diferencias de género respecto a la participación en el ocio activo (Fraguela-Vale et al., 2016). Podrían aportarse más ejemplos de distintas áreas de conocimiento que denuncian este tipo de carencias en el proceso de transferencia del conocimiento a la sociedad, especialmente en el ámbito de las ciencias sociales. A lo largo de este capítulo se comentará la existencia de desigualdades importantes en el acceso al ocio activo. Ciertos sectores poblacionales llevan décadas con un déficit importante en este sentido, y los propios responsables políticos denuncian la falta de información específica sobre el funcionamiento de los programas que intentan compensar las desigualdades en materia de ocio activo y salud pública (Petticrew et al., 2004).

El conocimiento científico en el ámbito del ocio activo se ha centrado más en informar de problemas que hay que solucionar que en aportar soluciones viables a dichos problemas. Se espera que la sociedad en general y la acción política en particular sean capaces de interpretar la información científica y traducirla en acciones eficaces para solucionar las dificultades detectadas. Pero esto no ocurre así y ante la complejidad de las problemáticas planteadas es habitual encontrar la aplicación de respuestas simples y soluciones preexistentes. De esta manera, se reproduce un círculo en el que la ciencia informa de una situación problemática y de que las medidas existentes no están funcionando y la política aplica las mismas acciones una y otra vez ante la complejidad de buscar alternativas viables.

Sallis (2019) considera que el punto clave para trasladar la evidencia científica a la práctica y la política es el planteamiento de estrategias de comunicación adecuadas. Para ello desarrolla un modelo que contempla en un lugar central la investigación de calidad y relevante para la toma de decisiones sociales, y en el perímetro, las principales audiencias interesadas en la evidencia científica: los propios investigadores, los gobiernos estatales o locales, la empresa (con sus consumidores), la opinión pública y los practicantes. Para cada audiencia propone estrategias y canales de comunicación efectivos. El autor considera que la transferencia científica es similar a un plan de comunicación. Se deben identificar las audiencias, elaborar mensajes significativos para el público objetivo y seleccionar cuidadosamente las vías y estrategias de comunicación para hacer llegar el mensaje.

Sin duda, la comunicación de los resultados es un factor de gran importancia, pero el modelo de Sallis (2019) se centra en la difusión de los resultados, sin llegar a abordar una de las principales críticas a la producción científica en el ámbito de las ciencias sociales: la propia forma de generar conocimiento.

Esta crítica se centra en que la producción del conocimiento científico busca responder a los estándares académicos, como el rigor y la replicabilidad, lo que requiere que muchas veces se investiguen contextos generados y controlados artificialmente para garantizar la fiabilidad de los resultados. Así se garantiza la difusión en los canales académicos, pero se reduce su validez a la hora de transferirlos a la realidad social y a la lucha contra las desigualdades. En las últimas décadas se ha reclamado con creciente intensidad que la investigación se interese por las acciones desarrolladas a nivel local (Mitáš et al., 2019), ya que una misma intervención puede generar resultados divergentes en distintos contextos e incluso aumentar la desigualdad en colectivos desfavorecidos (Lewis et al., 2019; Thomson et al., 2005). La necesidad de estudiar los programas en los contextos reales en los que son implementados, requiere un cambio en la cultura investigadora predominante que otorgue una mayor relevancia a la comunicación bidireccional entre los investigadores y los agentes sociales (Haynes et al., 2011) y el desarrollo de una comprensión conjunta y compartida de las problemáticas que deben ser abordadas (Whitehead et al., 2004). No es suficiente con un cambio en la actitud de investigadores, políticos y otros agentes sociales, se requiere de una formación específica en cada colectivo que permita a los investigadores aumentar la relevancia social de sus estudios y a los agentes sociales interpretar el significado de los resultados científicos y "traducirlos" en programas de acción social (Orton et al., 2011b).

Nos gustaría destacar las aportaciones de Giles-Corti et al. (2015) para reducir la brecha entre la investigación y la práctica social en el ámbito de la vida activa. Si anteriormente comentábamos el trabajo de Sallis (2019) como ejemplo de esfuerzo centrado en la difusión de los resultados, hay que aclarar que este mismo autor participó en este trabajo de Giles-Corti et al. (2015) en el que indican que la difusión es solo una parte del proceso y abogan por ir más allá y promover el trabajo conjunto de investigadores, políticos y otros agentes sociales. Los autores proponen diez estrategias para establecer puentes entre estos colectivos: 1) comprender el contexto social y político sobre el que se quiere actuar, 2) establecer relaciones entre investigadores, políticos y participantes, 3) trabajar con colectivos implicados, expertos y *lobbies* relacionados con la vida activa, 4) temporalizar las investigaciones conjuntamente con los políticos y los participantes, 5) desarrollar proyectos de investigación interdisciplinares y colaborativos, 6) estudiar el impacto económico y sobre la salud pública de las infraestructuras para la promoción de la vida activa, 7) evaluar las acciones políticas a través de experimentos naturales, en contextos reales, 8) centrar la investigación en las necesidades y preferencias de la comunidad, 9) destacar las implicaciones políticas y prácticas de los resultados en los informes de investigación y, 10) crear programas formativos interdisciplinares relacionados con la vida activa, la salud y la planificación urbanística. Estas estrategias implican un cambio en la concepción misma de la investigación, donde los anteriormente considerados sujetos estudiados o público diana pasan a ser socios o colaboradores (Giles-Corti & Whitzman, 2012) implicados en todas las fases del proceso de investigación. No se habla ya de decisiones políticas *basadas en* sino *informadas por* la evidencia científica (Tannahill, 2008), lo que supone reconocer que los resultados de la investigación son importantes para la toma de decisiones prácticas, pero que hay otros muchos factores a tener en cuenta para que una recomendación o medida informada por los investigadores pueda ser finalmente puesta en práctica. En esta concepción de la investigación, el compromiso de los académicos va más allá de la difusión de los resultados y asume una labor de defensa (*advocacy*) de los colectivos estudiados, especialmente de aquellos en situación de riesgo social, y de transformación de los resultados en líneas de acción sociopolítica.

2. Aportaciones de la investigación en el ámbito del ocio activo

Teniendo en cuenta lo expresado en el apartado anterior, para agrupar y ordenar la diversidad de aportaciones y enfoques existentes en la investigación en ocio activo, recurrimos a tres grandes categorías en función del nivel de integración de la investigación en la práctica y, por extensión, del potencial de transferencia de los resultados a la realidad.

La primera categoría, que denominamos *análisis-diagnóstico de la realidad*, está formada por investigaciones que estudian la realidad de distintos colectivos respecto al ocio activo. Casi siempre desde una perspectiva transversal, ofrecen una visión de una situación en un momento determinado, informando de problemáticas de distintos colectivos en el acceso a su ocio activo. La utilidad principal de esta investigación es el diagnóstico, identificar problemáticas, desigualdades, potenciales puntos de mejora, etc. En esta categoría se encuentra el volumen más grande de trabajos científicos en el área del ocio activo y también aquellos con mayores dificultades para llegar a convertirse en propuestas de acción e influir en las decisiones políticas. En su mayor parte el diseño y desarrollo de las investigaciones tienen lugar en el contexto académico y el rol de participantes y políticos es el de sujetos estudiados o colectivos diana a los que hay que informar de los resultados.

En la segunda categoría, que hemos agrupado bajo la denominación de *investigación sobre programas de acción social*, se encuentran los trabajos que aportan información relacionada con las actividades o programas de ocio que están siendo implementados. En este caso el grado de integración de la investigación con los programas estudiados es bajo. Ya se trate de programas experimentales diseñados por los investigadores para comprobar su efectividad en algún aspecto concreto o de acciones desarrolladas en contextos reales que los académicos ayudan a evaluar, se trata una relación casi paralela, donde la investigación y la acción social convergen en puntos concretos, pero no están integrados. El volumen de este tipo de trabajos es menor y su posibilidad de transferirse a la práctica y las decisiones políticas es mayor que en la categoría anterior, si bien, suele circunscribirse al propio contexto donde se generan los resultados, dada la especificidad de la información. Los resultados generados en ocasiones pueden ser de utilidad en otros contextos si se tienen en cuenta las características diferenciadoras de los territorios de origen y destino.

La tercera categoría hace referencia a la investigación que se integra en la propia acción sociopolítica. La hemos denominado *trabajo integrado de investigación-acción social*. Los investigadores forman parte de equipos interdisciplinares junto con políticos y otros agentes sociales. El diseño e implementación de la investigación y de los programas se realiza de una forma conjunta y existe una comunicación bidireccional entre los investigadores y los actores sociales. Se puede hablar de una simbiosis entre la investigación y los programas de ocio activo. El diseño de la investigación tiene en cuenta las necesidades e intereses de los agentes sociales y se espera que los resultados sean de utilidad para mejorar la realidad. La rentabilidad social de los resultados de investigación es tanto o más importante que la rentabilidad académica. Este enfoque no se ha desarrollado suficientemente, de ahí que la cantidad de ejemplos disponibles sea reducido si lo comparamos con la primera categoría de análisis. Por otro lado, este tipo de proyectos suelen ser complejos al integrar y coordinar colectivos diversos, si bien su impacto y transferibilidad suelen ser altos. Su capacidad de generar valor social, en este caso en el ámbito del ocio activo es, por lo tanto, muy grande.

En la siguiente figura se resumen las características de las tres categorías descritas. Se trata de una estructura para organizar la información, no de una clasificación exhaustiva y, dadas las características de la investigación en el ámbito del ocio activo, algunos trabajos se sitúan cerca de los límites entre dos categorías y su ubicación en una de ellas no es sencilla.

Integración Investigación con las prácticas sociales/decisiones políticas

- Integración ◄─────────────────────────────► + Integración

Volumen de estudios	ANÁLISIS - DIAGNÓSTICO DE LA REALIDAD	INVESTIGACIÓN SOBRE PROGRAMAS DE ACCIÓN SOCIAL	TRABAJO INTEGRADO INVESTIGACIÓN –ACCIÓN SOCIAL

+ Rentabilidad académica ◄   - Rentabilidad académica
- Rentabilidad social   ► + Rentabilidad social

Transferencia social del conocimiento

Figura 1. Aportaciones de la investigación en el ámbito del ocio activo

Aunque se trata de una estructura excesivamente simplificada que admite numerosos matices, consideramos que merece la pena intentar esta sistematización para organizar la información amplia y diversa que ofrece la investigación en ocio activo. A continuación, analizamos con más en detalle cada una de las tres categorías.

2.1. Análisis-diagnóstico de la realidad en ocio activo: las desigualdades en el acceso y sus consecuencias

Una parte importante de la investigación en el ámbito del ocio activo está relacionada con la salud y su relación con el entorno en el que viven las personas. En el estudio de las posibilidades de acceso a estilos de vida activos y saludables, el análisis de los estilos de ocio juega un papel decisivo. La falta de actividad física y el sedentarismo tienen un impacto significativo en la mortalidad en un nivel mundial, ya que inciden en enfermedades crónicas no transmisibles como la diabetes, la hipertensión, la obesidad o las enfermedades cardiovasculares, ejerciendo también un impacto en la salud mental y la calidad de vida de la población.

La Organización Mundial de la Salud publicó en el año 2018 un informe sobre las tendencias en actividad física en un nivel mundial que incluía 168 países y 1,9 millones de participantes (Guthold et al., 2018). Este informe concluye que en el año 2016 más de una cuarta parte de los adultos no cumplía con las recomendaciones diarias de práctica de actividad física para el mantenimiento de la salud. En la Guía de Actividad Física para los Estadounidenses de 2018 (Olson et al., 2018) se advierte de que el 80 % de los adultos y adolescentes estadounidenses no alcanzan los mínimos de actividad física diaria, considerándose insuficientemente activos. Debido a ello, se recomienda que los responsables políticos faciliten y promuevan programas de fomento de la actividad física relacionadas directamente con la promoción de la salud en la población estadounidense. En España, según la Encuesta Nacional de salud de 2017 (Ministerio de Sanidad, Consumo y Bienestar Social, 2019), más de un tercio de la población declaró que su tiempo libre era ocupado de forma mayoritaria por actividades sedentarias, siendo ese mismo porcentaje de población el que no alcanza el mínimo de actividad física diaria recomendada por la OMS.

Estos informes se repiten en diversos países con resultados muy semejantes, lo que ha provocado una creciente preocupación en la comunidad científica (Alqahtani et al., 2020; Chau et al., 2017; Da Silva et al., 2018), generando un aumento de investigaciones relativas a la falta de actividad física en el tiempo de ocio en diferentes segmentos de la población.

El corpus científico al respecto es amplio e intenta identificar qué factores son claves en el acceso al ocio activo, destacando variables como el sexo, los factores socioeconómicos, la pertenencia a diferentes grupos sociales o minorías, la discapacidad, o la edad, entre otros.

La investigación desde la perspectiva de género concluye que los hombres tienen una mayor cantidad de tiempo libre disponible y que se decantan por un ocio activo en mayor medida que las mujeres (Codina y Pestana, 2019; Fraguela-Vale et al., 2020; Holahan et al., 2011; Ross et al., 2013). Son diversas las barreras percibidas por las mujeres para la práctica de un ocio activo. La investigación informa de las dificultades de acceso de este colectivo a los espacios públicos donde realizar actividad física, bien sea por su escasez o por la sensación de inseguridad percibida en la ocupación de los espacios disponibles.

Otra de las barreras que se identifican es la relativa a los roles de género en el ámbito familiar, ya sea en el mayor tiempo dedicado al cuidado de los hijos y a las tareas del hogar por parte de las mujeres, como por otras circunstancias como puede ser el embarazo y el posparto. Durante estos meses las mujeres disminuyen sus actividades físicas por indicación médica o por decisión propia, muchas veces influidas por el estrés psicosocial al que se ven sometidas (Da Costa & Ireland, 2013; Sinclair et al., 2019). La falta de modelos de mujeres adultas físicamente activas también constituye un hándicap para la realización de actividad física en el tiempo de ocio, especialmente en las adolescentes, ya que es un factor que se suma al hecho de que, en esta etapa, tanto chicos como chicas experimentan un descenso en sus actividades deportivas y de ocio activo en favor de actividades más sedentarias (Brooks & Magnusson, 2007; Fraguela-Vale et al., 2020; Ross et al., 2013).

Los factores socioeconómicos son otro de los aspectos centrales en la investigación sobre ocio activo. Se detectan mayores niveles de prácticas de actividad física durante el ocio en la población que percibe mayores ingresos, siendo las condiciones socioeconómicas desfavorables un limitante para el desarrollo de este tipo de actividades, lo que sin duda influye negativamente en la salud de los grupos más desfavorecidos (Badura et al., 2021; Barr et al., 2020; Fraguela-Vale et al., 2018; Szilcz et al., 2020). Kakinami et al. (2018) realizaron un estudio de revisión sobre el tema en el contexto estadounidense entre los entre los años 1999 y 2014, encontrando que las personas en hogares con ingresos más bajos realizaban entre 17 y 30 minutos menos de actividad física moderada y 20-25 minutos menos de actividad física vigorosa por semana durante su tiempo de ocio. Estos resultados informan de estilos de vida más utilitarios y sedentarios en estas poblaciones, lo provoca que el porcentaje de personas que no alcanzan las recomendaciones diarias de actividad física saludable se eleve hasta un 31-55 % en los colectivos desfavorecidos.

En función de los contextos territoriales en los que se realiza la investigación, se identifican distintos colectivos vulnerables en el acceso al ocio activo, pero también el potencial de la actividad física como recurso para la inclusión. Así, por ejemplo, en una investigación realizada en Estonia (Kukk et al., 2019) se identifica una reducción de las desigualdades en los patrones de práctica de actividad física de tiempo libre en los diferentes grupos étnicos estudiados, por lo que los autores conceden a las actividades de ocio activo una capacidad integradora, aunque advierten de que la segregación residencial por etnias dificulta dicha integración, ya que las actividades de ocio se realizan a menudo cerca del propio hogar. En esta línea, se ha comprobado que cuando se perciben los vecindarios como lugares inseguros disminuye la actividad física. A pesar de ello, cuando los lazos comunitarios y las relaciones sociales mejoran también lo hace la percepción sobre estos lugares y por lo tanto es posible mejorar los niveles de actividad física y salud (Kosoko-Lasaki et al., 2019). Por otra parte, existen ciertos estereotipos relacionados con las actividades físicas propias de un grupo étnico u otro. En este sentido, son diversas las investigaciones que han abordado la actividad física en las poblaciones afroamericanas encontrando que las mujeres pertenecientes a este grupo tienen las tasas más altas de inactividad física tanto respecto a otras minorías étnicas como al colectivo masculino (Jenkins et al., 2017). El factor edad también resulta relevante en el estudio del ocio activo en este colectivo, ya que la percepción de que existen actividades físicas propias o ajenas a su grupo ("deportes de negros o de blancos") se va incrementando a medida que aumenta la edad (Kaigang Li et al., 2012; Resnicow et al., 1999; Thind et al., 2015). Mientras que en los niños no se aprecian estas diferencias, comienzan a manifestarlas los adolescentes llegando al mayor porcentaje en los estudios realizados con afroamericanos adultos. El hecho de considerar ciertas actividades físicas o deportes como impropias del grupo de pertenencia supone una barrera para el desarrollo de un ocio activo al reducirse las opciones de práctica a aquellas consideradas legítimas. Por otro lado, investigaciones que incluyen diferentes minorías étnicas como los asiáticos o los hispanos han encontrado que la falta de espacios verdes, la mala conservación de los equipamientos, los problemas de seguridad, los factores socioeconómicos o las cuestiones raciales relacionadas con la discriminación, son factores que influyen en el menor tiempo dedicado a actividades de ocio activo en estos grupos (Kelin Li & Wen, 2013; Márquez et al., 2010).

Otro de los aspectos que preocupa a los investigadores es el acceso al ocio activo de las personas con diversidad funcional, es decir, aquellos que presentan algún tipo de discapacidad y encuentran un mayor número de barreras en el desarrollo de sus actividades diarias y en particular en el acceso a actividades físicas de ocio. Los estudios se centran especialmente en la infancia, identificando como factores clave las actitudes del núcleo familiar y de sus amistades hacia la implicación en actividades físico-deportivas. Dichos factores actúan como barreras o facilitadores de la participación en función de si su actitud hacia la misma es negativa o positiva (Marques et al., 2021; Wright et al., 2019). Por otra parte, la falta de formación específica de los responsables de las actividades y el escaso conocimiento y comprensión de las necesidades vinculadas a muchas de las discapacidades, son otras de las limitaciones que se muestran en los estudios junto con el poco tiempo disponible para el desarrollo de estas

debido, en muchos casos, a que ese tiempo se dedica a sus programas de rehabilitación dependientes de los servicios de salud. Finalmente, el acceso a la tecnología que facilita la comunicación y movilidad de las personas con discapacidad
se convierte en un factor que favorece la desigualdad cuando, principalmente
por motivos socioeconómicos, una parte de la población no tiene acceso a estos
recursos (Longo et al., 2020). Por todo ello, el acceso a ciertas actividades y el
disfrute del ocio activo, se ven limitados en esta población, repercutiendo negativamente en el cumplimiento de las recomendaciones sobre actividad física
diaria (Labbé et al., 2019; Mihaila et al., 2020). Los investigadores coinciden en
apuntar que es necesario una mayor implicación de los organismos públicos en
la potenciación de servicios y la organización de programas que incluyan a este
segmento de la población.

La edad es otro de los puntos clave en el acceso y realización de actividades
de ocio activo. Como ya hemos visto, es un factor que se puede analizar de
forma independiente en cada una de las variables que hemos ido comentando,
si bien en este caso nos detendremos en la infancia al considerar que es una
etapa vital en la que el ocio activo está amenazado a pesar de ser uno de los
pilares del desarrollo en edades tempranas. El juego libre, especialmente aquel
realizado en espacios exteriores, toma un papel primordial en la cantidad de
tiempo diario dedicado a la práctica de actividad física. Este juego se encuentra
cada vez más limitado por los tiempos familiares y las apretadas agendas que
llenan de actividades dirigidas los días de niños y niñas (Caballo Villar et al.,
2012; Fraguela-Vale et al., 2013; Fraguela et al., 2011). Las jornadas escolares son
cada vez más largas en un intento de facilitar la conciliación con la vida laboral
de los padres y, tras la jornada escolar, las tareas escolares y actividades extraescolares reducen aún más el tiempo de juego libre de la infancia (Tonucci, 2016).
Las actividades realizadas por la infancia fuera del horario lectivo en ocasiones
son sedentarias y aquellas que implican la realización de actividad física son,
en muchos casos, propuestas deportivas organizadas. Dichas actividades, aunque contribuyen al aumento de la práctica de actividad física, habitualmente
requieren de una mejora de las habilidades motrices y suponen una selección
de aquellos más dotados para las mismas. Este enfoque provoca niveles elevados
de abandono deportivo y va dejando por el camino a muchos niños y niñas
que, en muchos casos, sustituyen estas actividades por un ocio más sedentario
y relacionado con el uso de las tecnologías (Fraguela-Vela et al., 2018). Por esto
motivo es necesario favorecer que la infancia disponga de espacios y tiempos
para su juego libre, a ser posible en entornos naturales que favorecen y multipli-
can las posibilidades de movimiento. Por otro lado, el enfoque de los programas

físico-deportivos que se les ofertan, especialmente en el momento de transición entre la infancia y la adolescencia, debe cumplir ciertos requisitos de calidad para favorecer un desarrollo positivo de la juventud (Holt, 2008). Se espera que los programas destinados a los jóvenes mantengan un equilibrio entre los objetivos de rendimiento, participación y desarrollo positivo, lo que favorecerá que estas actividades deportivas sean inclusivas. En esta línea, Côté y Hancock (2016) proponen un modelo para el desarrollo de la participación deportiva con siete postulados basados en la evidencia científica relacionada con el desarrollo positivo a través del deporte.

Como hemos visto, la desigualdad en el acceso al ocio activo ha sido ampliamente estudiada y documentada por la comunidad científica. Las aportaciones de los trabajos presentados en este apartado pueden situarse en la esfera de la diagnosis, en la detección de problemáticas, desigualdades y barreras en el acceso al ocio activo y también en realizar recomendaciones basadas en dicha diagnosis. Muchos de los estudios coinciden en señalar la necesidad de un compromiso por parte de los responsables políticos locales que, junto con los investigadores y otros agentes sociales implicados, generen programas específicos para la potenciación de un ocio activo y saludable. La solución no puede ser única debido a que las limitaciones y problemáticas de los distintos colectivos son diversas y, en muchas ocasiones, los factores analizados no actúan por separado sino combinados entre sí. Esto hace imprescindible un trabajo que avance un paso más en el proceso de transferencia del conocimiento científico a la práctica, ayudando a compensar las desigualdades y facilitando el acceso al ocio activo de los colectivos desfavorecidos. En los siguientes apartados nos ocupamos de este paso en la transferencia del conocimiento en materia de ocio activo: la investigación de los programas de acción.

2.2. Investigación sobre programas de acción social en ocio activo

Son proyectos que surgen en un determinado contexto social o bien se promueven desde el ámbito académico para demostrar su efectividad. Su aplicación suele buscar la mejora del acceso al ocio activo y la promoción de la salud de sus participantes. En estos programas se desarrollan evaluaciones o investigaciones cuya transferencia social se centra en informar sobre alguna dimensión especialmente relevante para los promotores (evaluaciones parciales) o bien en demostrar la capacidad del programa en su conjunto para alcanzar los objetivos previstos. Para organizar la información se han agrupado los estudios en dos categorías: evaluaciones de programas orientados al fomento del ocio activo de poblaciones desfavorecidas y de programas de regeneración urbana.

En un primer grupo de estudios encontramos las *evaluaciones de programas orientados al fomento del ocio activo aplicados sobre poblaciones desfavorecidas*, bien sean por factores socioeconómicos, género, habilidad deportiva u otras características relacionadas. Estos programas intentan favorecer la participación en el ocio activo para incidir no solo sobre la salud, sino también sobre otras esferas de su vida, como la académica o la productiva.

Uno de los ejemplos a destacar en este grupo es el programa brasileño *Bola pra frente* (Instituto Bola Pra Frente, 2021), que persigue la construcción de valores para el desarrollo positivo de niños y jóvenes en situaciones de riesgo social a través del deporte y las habilidades personales. Se realiza un seguimiento conjunto entre los responsables del programa y las escuelas locales para comprobar su impacto en el desarrollo personal de los destinatarios. Este programa ha demostrado su efectividad para reducir la tasa de abandono y absentismo escolar, así como para mejorar los resultados académicos. También en Brasil y siguiendo esta misma línea, desde el Ministerio de Deportes, se desarrolló el programa *Segundo Tempo* (Governo do Brasil, 2019) al que acuden niños y adolescentes en riesgo de exclusión social (por motivos socioeconómicos o discapacidad), antes o después de la escuela, para que, durante esos tiempos en lugar de dedicarse a ocios nocivos, tengan la oportunidad de aprender un deporte. Este programa tiene la intención de democratizar el acceso al ocio activo. En él participan el gobierno (a nivel estatal y local) así como algunas ONG. El programa produce beneficios relacionados con el rendimiento escolar, la salud, las relaciones familiares, sociales y una menor exposición a riesgos de tipo social. Sin embargo, presenta diversas dificultades burocráticas y de implementación que ralentizan el proceso de universalización de acceso a la práctica deportiva que persigue (Castillo et al., 2017).

Otro programa de inclusión a través de actividades de ocio activo es el *Unified Sports* -incluido en *Special Olympics Internacional*- (Special Olympics, s.f.), que es una iniciativa de carácter deportivo que incorpora la posibilidad de acceso a la práctica y a la competición deportiva sin que el nivel de habilidad o de las capacidades intelectuales sean una limitación, sino una oportunidad de crecimiento. Se forman equipos deportivos en donde las personas con discapacidad intelectual entrenan y compiten junto a otras que no poseen esta discapacidad en un contexto en donde se rompe con los estereotipos sobre las capacidades individuales. A través de este programa los participantes disfrutan del vínculo de perseguir metas deportivas comunes, de la percepción de competencia y del trabajo en equipo. Más allá de las mejoras específicas en el ámbito de las habilidades deportivas, consigue logros personales en los participantes relacionados con la confianza, la autoestima y las habilidades expresivas o de comunicación. *Unified Sports* contribuye al aumento del capital social de los participantes promoviendo contextos de desarrollo personal, comunidades inclusivas y referencias positivas de las personas con discapacidad intelectual.

En el Reino Unido, se desarrolló una intervención que facilitó el acceso universal y gratuito a instalaciones de ocio en un área situada al noroeste de Inglaterra, de tal forma que la población tenía acceso a sesiones gratuitas de natación y gimnasia entre otras actividades. El programa aumentó la actividad física en aquellos colectivos con menor nivel socioeconómico (Higgerson et al., 2018). Posteriormente se replicó en el centro de Londres con colectivos desfavorecidos a los que se les ofreció clases gratuitas o subvencionadas con evaluación, seguimiento y apoyo individual, lo que supuso una mayor práctica de actividad física para las poblaciones con bajo nivel económico (Garner-Purkis et al., 2020). Este tipo de estrategias parecen reducir las desigualdades de acceso al ocio activo en contextos desfavorecidos, si bien su carácter experimental limita el efecto de sus hallazgos: sería necesario estudiar su eficacia tras una aplicación prolongada en el tiempo.

Esta problemática parece ser una tendencia en los estudios de corte experimental: los resultados de varios programas de ocio orientados a compensar problemáticas relacionadas como el sedentarismo, la obesidad y otros problemas relacionados con la salud en colectivos vulnerables, con acciones que van desde 3 semanas a 3 años, son mayoritariamente positivos, pero limitados al tiempo de aplicación (Moore et al., 2019; Ramli et al., 2015; Verjans-Janssen et al., 2020). En esta línea, queremos destacar la revisión realizada por Jenkins et al. (2017), que analizan treinta y dos programas experimentales destinados al colectivo afroamericano femenino (grupo de mayor grado de inactividad física en comparación con otros grupos étnicos y de género en el contexto americano). Se concluye que los programas son efectivos mientras se están aplicando, consiguiendo mejoras en diversas variables, como el aumento de la actividad física diaria, el fortalecimiento muscular o el incremento del número de pasos diarios. No es habitual que estos estudios incluyan un seguimiento tras los programas, ni registren los resultados más allá de la intervención. Es razonable pensar que las mejoras relevantes se limitan al tiempo que duran intervenciones, perdiéndose su efecto beneficioso con el paso del tiempo. Sin embargo, ciertos cambios en los hábitos de vida podrían tener un carácter más permanente, por lo que incorporar estrategias de seguimiento tras la aplicación de los programas aportaría una información de gran interés para valorar el impacto real de las intervenciones.

En un segundo grupo de estudios encontramos *las evaluaciones de programas de regeneración urbana* que surgen como medidas de intervención comunitaria empleadas a nivel político para reducir los desequilibrios sociales y económicos en determinados barrios de las ciudades. Los programas, habitualmente con un coste económico elevado, suponen cambios estructurales en las urbes y entre otros objetivos, pretenden contribuir a la reducción de problemas de salud de los habitantes a través del incremento del acceso al ocio activo en su entorno cercano. Un problema recurrente que se detecta al analizar la información científica disponible sobre este tipo de programas es que no hay un trabajo conjunto entre los investigadores y los agentes sociales en las fases de diseño e implementación de estos. El papel de los investigadores es más intenso a la hora de evaluar los efectos de las acciones una vez se han implementado.

En la línea de programas que se han estudiado después de su implementación y que no han generado las mejoras pretendidas (entre las que se encontraba el incremento de la actividad física), se encuentra, por ejemplo, el programa de regeneración de barrios desfavorecidos en el contexto holandés (Ámsterdam). Estudiado de forma longitudinal (en 2005–2006 y 2011–2012) por Timmermans et al. (2020), la regeneración de los barrios pretendía reducir los niveles de soledad, aislamiento y ansiedad y depresión de las personas de edad avanzada que los habitaban, mientras incrementaba sus niveles de compromiso social y actividad física. En ninguno de los momentos estudiados se detectó un efecto positivo del programa sobre estos aspectos, lo que pone en cuestión la efectividad de este y abre un debate sobre la forma de diseñar este tipo de políticas.

Otro estudio realizado a mayor escala sobre el impacto de un programa de regeneración urbana de cuarenta distritos de barrios desfavorecidos en los Países Bajos no detectó mejoras relevantes en los ámbitos estudiados, entre los que se encontraba la mejora de salud a través de la generación de contextos de ocio activo (Ruijsbroek et al., 2017). Similares resultados se encontraron en el proceso de regeneración urbana de 36 barrios desfavorecidos de Irlanda en el Norte, donde el incremento del ejercicio físico era uno de los objetivos (Mohan et al., 2017).

Por otro lado, también encontramos propuestas de regeneración urbana estudiadas tras su implementación que sí han generado mejoras sobre el ocio activo. Destacamos la recuperación de un parque urbano ribereño en Barcelona que produjo beneficios sobre la salud y la economía asociados a las dinámicas del ocio activo de los habitantes (Vert et al., 2019). En la misma línea destacamos la rehabilitación del parque Brimbank en Melbourne (Australia).

Situado en un entorno socioeconómico desfavorecido, fue dotado con nuevos elementos lúdicos, se mejoró su accesibilidad y se introdujo mobiliario urbano para aportar comodidad a los visitantes del parque (Lal et al., 2019), lo que se tradujo en un incremento de los niveles de actividad física de los habitantes.

Relacionado con la filosofía de los programas de regeneración urbana, pero con una perspectiva más general se encuentran las iniciativas de promoción del desplazamiento activo a los centros educativos o de trabajo. Aunque estos desplazamientos no forman parte del tiempo de ocio de los participantes, indirectamente generan ritmos de vida más activos e influyen en los mismos (Sanz et al., 2017). Entre estos programas se encuentra, por ejemplo, el proyecto europeo Stars –Acreditación y Reconocimiento de Desplazamientos Sostenibles para Colegios– (Dirección General de Tráfico, s.f.) que empezó en el año 2013 y en el que participaron diversas ciudades europeas (Edimburgo, Bielefield, Bruselas, Budapest, Cracovia, Madrid, Milán, la región de Noord Brabant en Holanda y el distrito de Hackney en Londres). El proyecto Stars actualmente se desarrolla en España en 161 centros educativos, tanto de Educación Primaria como de Educación Secundaria (6-16 años). Este proyecto tiene la intención de incrementar los desplazamientos activos y seguros a la escuela o institutos, la autonomía infantil en el espacio urbano, la promoción de estilos de vida saludables y el cuidado del medio ambiente. Aunque el desplazamiento activo a la escuela o el lugar de trabajo constituye un punto de partida en la lucha contra el sedentarismo y la promoción de la actividad física, para que estos programas sean efectivos necesitan integrarse en estrategias políticas más amplias (por ejemplo, formar parte de un plan de regeneración urbana), que impliquen cambios en las políticas de transporte e intervenciones para el aumento de la seguridad de ciclistas y peatones en el contexto de la administración local (Rojas-Rueda et al., 2013).

Podríamos añadir diversas experiencias de remodelación de espacios urbanos con y sin efectos favorables en diferentes contextos. A la vista de las evidencias, se abre un debate sobre la relación coste-efectividad de estos programas y sobre la búsqueda de fórmulas de colaboración entre investigadores y agentes sociales más integradas y efectivas, como las presentadas en el siguiente apartado.

2.3. Trabajo integrado investigación-acción social en ocio activo

Conscientes de la necesidad de mejorar el ocio activo en diversas poblaciones, los colectivos implicados en este nivel colaboran con la intención de poner en común sus conocimientos y experiencia. En este nivel se realiza un proceso colaborativo que permite a las entidades políticas tomar decisiones en el entorno social gracias a su trabajo conjunto con los investigadores. Se desarrollan acciones para la mejora del ocio activo con la intención de mejorar un entorno (habitualmente vulnerable), dando seguimiento, apoyo y continuidad a las mejoras.

El trabajo conjunto entre investigadores, políticos y otros agentes sociales no está generalizado en el ámbito del ocio activo. Es interesante considerar la necesidad de comunicar los resultados de la investigación a los responsables de tomar decisiones, que los investigadores comprendan los procesos del ámbito político y que se promueva eficazmente la transferencia de los resultados de las investigaciones en el ámbito del ocio saludable, todo ello para realizar un trabajo conjunto que genere beneficios sobre la sociedad.

Sin duda la aportación de evidencias científicas es un elemento con gran potencial para ayudar a la toma de decisiones sobre el diseño urbano, la implementación de programas u otros elementos que inciden en el ocio activo. Sin embargo, en este apartado analizamos acciones que van un paso más allá en la integración del trabajo de los investigadores y los agentes sociales, de forma que la investigación está presente en todas las fases del proceso. A continuación, presentamos algunos ejemplos que ilustran esta forma de trabajo integrado entre la investigación y la acción social en el ámbito del ocio activo.

Active Living Research –ALR– (Active Living Research, 2021) es un programa donde la fusión entre la investigación y la acción política permiten desarrollar planes para la mejora de la salud, la economía y la sostenibilidad ambiental. Conscientes del impacto que tiene la actividad física sobre la prevención de la obesidad y la promoción de la salud en la infancia, diversos profesionales y responsables políticos trabajan juntos para crear entornos comunitarios más saludables y activos. Se analizan las políticas y condiciones que influyen en la actividad física cotidiana en los entornos de vida investigados y así se orienta a quienes toman decisiones políticas sobre cuáles son las estrategias más efectivas para incrementar los niveles de actividad física y cuáles son las zonas que necesitan de mayor inversión para mejorar. Entre los propósitos de la ALR destacan la creación de modelos de trabajo comunitario para implementar los resultados de la investigación sobre la vida activa, la puesta en práctica de investigaciones que promuevan la actividad física diaria para niños y familias en todo el mundo, haciendo hincapié en la investigación relacionada con la actividad física y la obesidad en colectivos desfavorecidos. En la ALR participa un equipo interdisciplinar de profesionales experimentados en salud pública, transporte, planificación urbana, diseño de parques recreativos, programas de actividad física escolares, ciencias comportamentales o lucha contra la obesidad. Algunos de los resultados de investigación de la ALR con importante impacto social nos informan de que cuando las personas viven en entornos con aceras, parques, carril bici y calles seguras son más activos. En el ámbito escolar la ALR también ha comprobado que mejorar los espacios de recreo, trabajar con los profesionales tanto de la actividad física escolar como extraescolar y la apertura de las instalaciones más allá de los horarios de la escuela también ha contribuido de forma positiva a que las comunidades sean más activas en su tiempo de ocio.

En la línea del trabajo integrado investigación-agentes sociales se encuentra el proyecto Grassroot Soccer (Grassroot Soccer, 2021) en el que la investigación, la acción de socios colaboradores y el gobierno se unen para lograr una acción social que va más allá del propio conocimiento y práctica del deporte (en este caso del fútbol). El programa interviene en diversos colectivos adolescentes de contextos en los que existen riesgo de muerte y enfermedades asociados a problemáticas relacionados con el VIH, la salud sexual y reproductiva, la violencia de género u otras enfermedades como la malaria. Grassroot Soccer aprovecha el poder que posee el fútbol para involucrar a los participantes en la toma de decisiones saludables a través un plan de estudios de salud adaptado para los adolescentes y basado en la evidencia científica, la influencia del apoyo de mentores locales y deportistas con liderazgo, así como una educación cultural inclusiva y positiva. Este programa persigue la capacitación y empoderamiento de colectivos vulnerables de países en vía de desarrollo distribuidos por todo el mundo y se introduce directamente en las escuelas para conseguir llegar a los destinatarios. Al mismo tiempo que acuden a jugar al fútbol, se los asesora sobre la importancia de conocer el sistema de salud, acudir en el caso necesario a los servicios médicos y generar adherencia a los tratamientos cuando tienen que llevarlos por enfermedad. En Grassroot Soccer la investigación es parte de la acción, de tal forma que agudiza su enfoque para incidir en aquellos aspectos que peor funcionan en los contextos sobre los que se interviene, basándose en las evidencias de la investigación para seguir actuando.

En el contexto europeo, uno de los proyectos de referencia en la integración investigación-acción social en el ámbito de la promoción de la vida activa es el programa SPAcE (Supporting Policy and Action for Active Environments [SPAcE], 2021). Persigue la integración de las políticas del transporte activo en diversos contextos de la Unión Europea, tanto en el ámbito escolar como en el laboral. El proyecto tiene la intención de incrementar los niveles de actividad física de los socios adheridos al proyecto, así como establecer apoyos para favorecer la inclusión social a través de la actividad física. A este proyecto se han adherido tanto gobiernos regionales como diversas universidades y organizaciones sin ánimo de lucro. SPAcE establece nexos entre los diferentes agentes sociales para el fomento de contextos urbanos activos y sostenibles en pueblos y ciudades de la Unión Europea, con el transporte activo como una de las referencias relevantes para conseguirlo. A través del trabajo colaborativo y la investigación se han generado diversos documentos que ofrecen valiosas referencias para replicar las iniciativas exitosas en otros contextos. En este proyecto se comparte información sobre buenas prácticas, sobre la promoción de entornos activos locales, se desarrollan planes de acción *ah hoc* y se aprende a emplear la herramienta HEAT de la OMS para la evaluación de las implicaciones económicas de la promoción de la actividad física. De este modo se da un paso más en la transferencia social de los resultados, favoreciendo la aplicación y difusión de planes exitosos de promoción de la actividad física a otros contextos con el fin de que participen de los avances y puedan implementar planes adecuados a sus necesidades y características.

En el contexto australiano, RESIDential Environments -RESIDE- (Faculty of Science. The University of Western Australia, s.f.) es un proyecto integral a gran escala donde la investigación ocupa un lugar destacado y contribuye a generar cambios en las políticas de planificación urbana. RESIDE es un proyecto de carácter experimental natural y longitudinal introducido por el gobierno de Australia Occidental para valorar los impactos sobre la salud de las políticas de diseño y la creación de "vecindarios habitables" en los suburbios. Tanto políticos como planificadores del programa manifestaron la necesidad de generar conocimiento científico en torno al programa para irlo ajustando y tomar decisiones más eficaces. Entre 2003 y 2012 los investigadores generaron 26 artículos que sirvieron para ir reformulando las acciones de los políticos. "Vecindarios habitables" tiene como objetivo el fomento de hábitos saludables y la mejora del bienestar. Sus acciones incluyen el transporte, los paseos recreativos y la creación de vecindarios con mayor sentido comunitario en donde los habitantes se sientan más seguros (aspecto muy relacionado con el incremento del ocio activo en los barrios desfavorecidos). Traducir los resultados de la investigación en beneficios para la salud a través de transformaciones políticas y sobre la planificación urbanística de las ciudades es una de las metas de los investigadores en ocio activo. Los políticos y otros agentes sociales necesitan trabajar conjuntamente con los investigadores para tomar decisiones efectivas y tener información sobre los efectos de dichas decisiones. A nivel práctico no es sencillo que estas circunstancias se cumplan y el número de iniciativas ubicadas en este apartado todavía es reducido, lo que supone una limitación para la transferencia social del conocimiento (Hooper et al., 2019, 2020).

3. A modo de conclusión

Como se ha visto en este capítulo, la investigación en el ámbito del ocio activo se ha ampliado y diversificado de forma importante en los últimos años. Cada vez hay un mayor número de estudios centrados explícitamente en el ocio activo, relacionados con el concepto general de vida activa. Estos trabajos vienen a complementar los relacionados con la esfera de la competición deportiva, cuyo enfoque se ha centrado en mayor medida en la competición y la promoción deportiva que en la vida activa y la salud pública.

Se ha producido no solo un aumento en el número de trabajos, sino también una evolución en el enfoque de la investigación. Los estudios diagnósticos son todavía los más numerosos y se continúa con la tradición investigadora basada la detección de problemas en el acceso al ocio activo y la identificación de poblaciones potencialmente vulnerables. Sin embargo, se está desarrollando una investigación de carácter aplicado que, desde la propia acción social y de los programas que se están implementando, busca generar conocimiento científico que pueda transferirse de forma más directa a la sociedad y que tenga un valor intrínseco para los políticos y otros agentes sociales que promueven los programas.

Todos los esfuerzos y enfoques son necesarios y valiosos, especialmente en un campo con una tradición investigadora todavía limitada y una temática de estudio interdisciplinar. Sin embargo, el cambio iniciado supone un avance importante, porque no solo se plantea la necesidad de difundir, compartir o transferir los resultados de la investigación, sino que se cuestiona la forma misma de generar el conocimiento y se deja de *investigar a* para *investigar con* los agentes sociales.

El trabajo conjunto de investigadores, políticos y otros agentes sociales, no solo para evaluar las propuestas que se ponen en práctica, sino para ayudar a definirlas y al mismo tiempo orientar parte de los esfuerzos de la investigación hacia cuestiones significativas para los responsables de las tomas de decisiones, parece una vía prometedora para conseguir acciones cada vez más efectivas en el fomento de la vida activa y la equiparación de oportunidades en el acceso al ocio, especialmente entre aquellos con menos recursos o mayores limitaciones para hacerlo.

Nota

1 En este capítulo utilizaremos genéricamente el concepto de *ocio activo* para referirnos al ocio físicamente activo, englobando conceptos ampliamente utilizados como ocio deportivo, ocio físico-deportivo, actividades físico-deportivas de ocio, etc.

Referencias

Active Living Research. Promoting activity-friendly communities (2021). https://activelivingr esearch.org/

Alqahtani, B. A., Alenazi, A. M., Alhowimel, A. S. & Elnaggar, R. K. (2020). The descriptive pattern of physical activity in Saudi Arabia: analysis of national survey data. *International Health*. https://doi.org/10.1093/inthealth/ihaa027

Asthana, S. & Halliday, J. (2006). Developing an evidence base for policies and interventions to address health inequalities: The analysis of "public health regimes." *Milbank Quarterly*, 84(3), 577–603. https://doi.org/10.1111/j.1468-0009.2006.00459.x

Badura, P., Hamrik, Z., Dierckens, M., Gobia, I., Malinowska-Cieślik, M., Furstova, J., Kopcakova, J. & Pickett, W. (2021). After the bell: Adolescents' organised leisure-Time activities and well-being in the context of social and socioeconomic inequalities. *Journal of Epidemiology and Community Health*. https://doi.org/ 10.1136/jech-2020-215319

Bambra, C., Joyce, K. E., Bellis, M. A., Greatley, A., Greengross, S., Hughes, S., Lincoln, P., Lobstein, T., Naylor, C., Salay, R., Wiseman, M. & Maryon-Davis, A. (2010). Reducing health inequalities in priority public health conditions: Using rapid review to develop proposals for evidence-based policy. *Journal of Public Health*, 32(4), 496–505**.** https://doi.org/10.1093/pubmed/fdq028

Barr, A. L., Partap, U., Young, E. H., Agoudavi, K., Balde, N., Kagaruki, G. B., Mayige, M. T., Longo-Mbenza, B., Mutungi, G., Mwalim, O., Wesseh, C. S., Bahendeka, S. K., Guwatudde, D., Jørgensen, J. M. A., Bovet, P., Motala, A. A. & Sandhu, M. S. (2020). Sociodemographic inequities associated with participation in leisure-time physical activity in sub-Saharan Africa: An individual participant data meta-analysis. *BMC Public Health*, 20(1). https://doi.org/10.1186/s12889-020-08987-w

Biestra, G. (2007). Why ' "what works" ' won't work: evidence-based practice and the democratic deficit in educational research. *Educational Theory*, 57(1), 1–22.

Brooks, F. & Magnusson, J. (2007). Physical activity as leisure: The meaning of physical activity for the health and well-being of adolescent women. *Health Care for Women International*, 28(1), 69–87. https://doi.org/10.1080/07399330601003499

Caballo, M. B., Gradaílle, R. y Merelas, T. (2012). Servicios socioeducativos y corresponsabilidad en la conciliación de los tiempos familiares: situación de la infancia en la Galicia urbana. *Pedagogía Social. Revista Interuniversitaria*, 20, 179–202. http://dialnet.unirioja.es/descarga/articulo/3975282.pdf

Castillo, F., Castilho, F., Rinaldi, C., Barbosa, A. L., Aparecido, A. y Kravcychyn, C. (2017). La planificación como instrumento pedagógico del "Programa Segundo Tempo." *Revista Ciencias de La Actividad Física, 18*(2), 77–84.

Chau, J., Chey, T., Burks-Young, S., Engelen, L. & Bauman, A. (2017). Trends in prevalence of leisure time physical activity and inactivity: results from Australian National Health Surveys 1989 to 2011. *Australian and New Zealand Journal of Public Health, 41*(6), 617–624. https://doi.org/https://doi.org/10.1111/1753-6405.12699

Codina, N. & Pestana, J. V. (2019). Time Matters Differently in Leisure Experience for Men and Women: Leisure Dedication and Time Perspective. *International Journal of Environmental Research and Public Health, 16*(14). https://doi.org/10.3390/ijerph16142513

Conn, V. & Coon, T. (2016). Effectiveness of Interventions to Increase Physical Activity Among Minority Populations: An Umbrella Review. *Journal of the National Medical Association, 108*(1), 54–68. https://doi.org/10.1016/j.jnma.2015.12.008

Côté, J. & Hancock, D. J. (2016). Evidence-based policies for youth sport programmes. *International Journal of Sport Policy, 8*(1), 51–65. https://doi.org/10.1080/19406940.2014.919338

Da Costa, D. & Ireland, K. (2013). Perceived benefits and barriers to leisure-time physical activity during pregnancy in previously inactive and active women. *Women & Health, 53*(2), 185–202. https://doi.org/10.1080/03630242.2012.758219

Da Silva, I. C. M., Mielke, G. I., Bertoldi, A. D., Arrais, P. S. D., Luiza, V. L., Mengue, S. S. & Hallal, P. C. (2018). Overall and Leisure-Time Physical Activity Among Brazilian Adults: National Survey Based on the Global Physical Activity Questionnaire. *Journal of Physical Activity and Health, 15*(3), 212–218. https://doi.org/10.1123/jpah.2017-0262

Dirección General de Tráfico (s.f.). STARS. https://xn--starsespaa-19a.dgt.es/

Faculty of Science. The University of Western Australia. Residential Environment Study (RESIDE) (s.f.). https://www.science.uwa.edu.au/centres/cbeh/projects/reside

Ferreira, R. W., Varela, A. R., Monteiro, L. Z., Hafele, C. A., Dos Santos, S. J., Wendt, A. & Silva, I. C. M. (2018). Sociodemographic inequalities in leisure-time physical activity and active commuting to school in Brazilian adolescents: National School Health Survey (PeNSE 2009, 2012, and 2015). *Cadernos de Saude Publica, 34*(4). https://doi.org/10.1590/0102-311X00037917

Fraguela-Vale, R., De Juanas-Oliva, A. y Franco-Lima, R. (2018). Ocio deportivo en jóvenes potencialmente vulnerables: beneficios percibidos y organización de la práctica. *Pedagogía Social. Revista Interuniversitaria, 31*, 49–58. https://doi.org/10.7179/PSRI_2018.31.04

Fraguela-Vale, R., Lorenzo-Castiñeiras, J., Merelas-Iglesias, T., y Varela-Garrote, L. (2013). Tiempos escolares y conciliación: análisis de familias con hijos en Educación Secundaria Obligatoria (12–16 años). *Revista de Investigación Educativa, 31*(2), 431–446.

Fraguela, R., Lorenzo, J. y Varela, L. (2011). Conciliación y actividad física de ocio en familias con hijos en Educación Primaria. Implicaciones para la infancia. *Revista de Investigación En Educación, 2*(9), 162–173.

Fraguela, R., Varela, L. y Carretero, M. (2018). Los derechos de la infancia en el deporte competitivo, el juego y la naturaleza. En S. Romero y Y. Lázaro (Eds.), *Deporte y sociedad: una aproximación desde el fenómeno del ocio* (pp. 121–138). Instituto de Estudios de Ocio. Publicaciones de la Universidad de Deusto.

Fraguela-Vale, R., Varela-Garrote, L., Carretero-García, M., & Peralbo-Rubio, E. M. (2020). Basic Psychological Needs, Physical Self-Concept, and Physical Activity Among Adolescents: Autonomy in Focus. *Frontiers in Psychology, 11*, 491. https://doi.org/10.3389/fpsyg.2020.00491

Fraguela-Vale, R., Varela-Garrote, L. y Sanz-Arazuri, E. (2016). Ocio deportivo, imagen corporal y satisfacción vital en jóvenes españoles. *Revista de Psicologia del Deporte, 25*(Suppl. 2), 33–38.

Fraguela-Vale, R., Varela-Garrote, L. y Varela-Crespo, L. (2020). Perfiles de ocio deportivo en jóvenes españoles (15–20 años): un análisis de género. *Retos. Nuevas Tendencias En Educación Física, Deporte y Recreación, 37*, 419–426.

Fraser-Thomas, J. & Cote, J. (2009). Understanding Adolescents' Positive and Negative Developmental Experiences in Sport. *Sport Psychologist, 23*(1), 3–23.

Garner-Purkis, A., Alageel, S., Burgess, C. & Gulliford, M. (2020). A community-based, sport-led programme to increase physical activity in an area of deprivation: a qualitative case study. *BMC Public Health, 20*(1), 1018. https://doi.org/10.1186/s12889-020-08661-1

Giles-Corti, B., Sallis, J. F., Sugiyama, T., Frank, L. D., Lowe, M. & Owen, N. (2015). Translating active living research into policy and practice: One important pathway to chronic disease prevention. *Journal of Public Health Policy, 36*(2), 231–243. https://doi.org/10.1057/jphp.2014.53

Giles-Corti, B. & Whitzman, C. (2012). Active living research: Partnerships that count. *Health and Place, 18*(1), 118–120. https://doi.org/10.1016/j.healthplace.2011.09.010

Governo do Brasil. (06 de diciembre de 2019). Programa Segundo Tempo. https://www.gov.br/cidadania/pt-br/acoes-e-programas/segundo-tempo/programa-segundo-tempo

Grassroot Soccer. (2021). https://www.grassrootsoccer.org/

Green, L. W. (2006). Public health asks of systems science: To advance our evidence-based practice, can you help us get more practice-based evidence? *American Journal of Public Health, 96*(3), 406–409. https://doi.org/10.2105/AJPH.2005.066035

Guthold, R., Stevens, G. A., Riley, L. M. & Bull, F. C. (2018). Worldwide trends in insufficient physical activity from 2001 to 2016: a pooled analysis of 358 population-based surveys with 1·9 million participants. *The Lancet Global Health, 6*(10), e1077–e1086. https://doi.org/10.1016/S2214-109X(18)30357-7

Haynes, A. S., Derrick, G. E., Chapman, S., Redman, S., Hall, W. D., Gillespie, J. & Sturk, H. (2011). From "our world" to the "real world": Exploring the views and behaviour of policy-influential Australian public health researchers. *Social Science and Medicine, 72*(7), 1047–1055. https://doi.org/10.1016/j.socscimed.2011.02.004

Higgerson, J., Halliday, E., Ortiz-Nunez, A., Brown, R. & Barr, B. (2018). Impact of free access to leisure facilities and community outreach on inequalities in physical activity: A quasi-experimental study. *Journal of Epidemiology and Community Health, 72*(3), 252–258. https://doi.org/10.1136/jech-2017-209882

Holahan, C. K., Holahan, C. J., Velasquez, K. E., Jung, S., North, R. J. & Pahl, S. A. (2011). Purposiveness and leisure-time physical activity in women in early midlife. *Women & Health, 51*(7), 661–675. https://doi.org/10.1080/03630242.2011.617811

Holt, N. L. (2008). *Positive youth development through sport*. Routledge.

Hooper, P., Foster, S., Bull, F., Knuiman, M., Christian, H., Timperio, A., Wood, L., Trapp, G., Boruff, B., Francis, J., Strange, C., Badland, H., Gunn, L., Falconer, R., Learnihan, V., McCormack, G., Sugiyama, T. & Giles-Corti, B. (2020). Living liveable? RESIDE's evaluation of the "Liveable Neighborhoods" planning policy on the health supportive behaviors and wellbeing of residents in Perth, Western Australia. *SSM – Population Health, 10*. https://doi.org/10.1016/j.ssmph.2020.100538

Hooper, P., Foster, S. & Giles-Corti, B. (2019). A case study of a natural experiment bridging the 'research into policy' and 'evidence-based policy' gap for active-living science. *International Journal of Environmental Research and Public Health, 16*(14). https://doi.org/10.3390/ijerph16142448

Instituto Bola Pra Frente. (2021). https://bolaprafrente.org.br/

Jenkins, F., Jenkins, C., Gregoski, M. J., & Magwood, G. S. (2017). Interventions Promoting Physical Activity in African American Women: An Integrative Review. *The Journal of Cardiovascular Nursing, 32*(1), 22–29. https://doi.org/10.1097/JCN.0000000000000298

Kakinami, L., Wissa, R., Khan, R., Paradis, G., Barnett, T. A. & Gauvin, L. (2018). The association between income and leisure-time physical activity is moderated by utilitarian lifestyles: A nationally representative US population (NHANES 1999–2014). *Preventive Medicine, 113*, 147–152. https://doi.org/10.1016/j.ypmed.2018.05.013

Kosoko-Lasaki, O., Ekúndayò, O. T., Smith, J., Ochuba, O., Hayashi, G., Sanders, R., Brown, R., & Stone, J. R. (2019). Urban Minority Community Safety and its Impact on Physical Activity: The Center for Promoting Health and Health Equity-Racial and Ethnic Approaches to Community Health (CPHHE-REACH) Initiative. *Journal of the National Medical Association, 111*(3), 334–344. https://doi.org/10.1016/j.jnma.2019.01.001

Kukk, K., van Ham, M. & Tammaru, T. (2019). EthniCity of Leisure: A Domains Approach to Ethnic Integration During Free Time Activities. *Tijdschrift Voor Economische En Sociale Geografie, 110*(3), 289–302. https://doi.org/10.1111/tesg.12307

Labbé, D., Miller, W. C. & Ng, R. (2019). Participating more, participating better: Health benefits of adaptive leisure for people with disabilities. *Disability and Health Journal, 12*(2), 287–295. https://doi.org/10.1016/j.dhjo.2018.11.007

Lal, A., Moodie, M., Abbott, G., Carver, A., Salmon, J., Giles-Corti, B., Timperio, A. & Veitch, J. (2019). The impact of a park refurbishment in a low socioeconomic area on physical activity: a cost-effectiveness study. *The International Journal of Behavioral Nutrition and Physical Activity, 16*(1), 26. https://doi.org/10.1186/s12966-019-0786-5

Lee, S. (2005). Physical activity among minority populations: what health promotion practitioners should know--a commentary. *Health Promot Pract, 6*(4), 447–452. https://doi.org/10.1177/1524839904263818

Lewis, S., Bambra, C., Barnes, A., Collins, M., Egan, M., Halliday, E., Orton, L., Ponsford, R., Powell, K., Salway, S., Townsend, A., Whitehead, M. & Popay, J. (2019). Reframing "participation" and "inclusion" in public health policy and practice to address health inequalities: Evidence from a major resident-led neighbourhood improvement initiative. *Health and Social Care in the Community*, 27(1), 199–206. https://doi.org/10.1111/hsc.12640

Li, K., Seo, D.C., Torabi, M. R., Peng, C.Y., Kay, N. S. & Kolbe, L. J. (2012). Social-ecological factors of leisure-time physical activity in Black adults. *American Journal of Health Behavior*, 36(6), 797–810. https://doi.org/10.5993/AJHB.36.6.7

Li, K., & Wen, M. (2013). Racial and Ethnic Disparities in Leisure-time Physical Activity in California: Patterns and Mechanisms. *Race and Social Problems*, 5(3), 147–156. https://doi.org/10.1007/s12552-013-9087-9

Longo, E., Regalado, I. C. R., Galvão, E. R. V. P., Ferreira, H. N. C., Badia, M. & Baz, B. O. (2020). I Want to Play: Children With Cerebral Palsy Talk About Their Experiences on Barriers and Facilitators to Participation in Leisure Activities. *Pediatric Physical Therapy : The Official Publication of the Section on Pediatrics of the American Physical Therapy Association*, 32(3), 190–200. https://doi.org/10.1097/PEP.0000000000000719

Marques, J. S., Regalado, I. C., Galvão, É. R., Ferreira, H. N., Longo, E., & Lindquist, A. R. R. (2021). Participation in leisure activities from the perception of children with disabilities and their families in Brazil. *Journal of Rehabilitation Medicine*, 53(1), jrm00136. https://doi.org/10.2340/16501977-2768

Márquez, D. X., Neighbors, C. J. & Bustamante, E. E. (2010). Leisure time and occupational physical activity among racial or ethnic minorities. *Medicine and Science in Sports and Exercise*, 42(6), 1086–1093. https://doi.org/10.1249/mss.0b013e3181c5ec05

Mihaila, I., Handen, B. L., Christian, B. T. & Hartley, S. L. (2020). Leisure activity in middle-aged adults with Down syndrome: Initiators, social partners, settings and barriers. *Journal of Applied Research in Intellectual Disabilities: JARID*, 33(5), 865–875. https://doi.org/10.1111/jar.12706

Ministerio de Sanidad, Consumo y Bienestar Social. (2019) Encuesta Nacional de Salud ENSE, España 2017. Serie informes monográficos #2 –Actividad física, descanso y ocio. https://www.mscbs.gob.es/estadEstudios/estadisticas/encuestaNacional/encuesta2017.htm

Mitáš, J., Cerin, E., Reis, R. S., Conway, T. L., Cain, K. L., Adams, M. A., Schofield, G., Sarmiento, O. L., Christiansen, L. B., Davey, R., Salvo, D., Orzanco-Garralda, R., Macfarlane, D., Hino, A. A. F., De Bourdeaudhuij, I., Owen, N., Van Dyck, D. & Sallis, J. F. (2019). Do associations of sex, age and education with transport and leisure-time physical activity differ across 17 cities in 12 countries? *International Journal of Behavioral Nutrition and Physical Activity*, 16(1). https://doi.org/10.1186/s12966-019-0894-2

Mohan, G., Longo, A. & Kee, F. (2017). Evaluation of the health impact of an urban regeneration policy: Neighbourhood Renewal in Northern Ireland. *Journal of Epidemiology \& Community Health*, 71(9), 919–927. https://doi.org/10.1136/jech-2017-209087

Moore, S. M., Borawski, E. A., Love, T. E., Jones, S., Casey, T., McAleer, S., Thomas, C., Adegbite-Adeniyi, C., Uli, N. K., Hardin, H. K., Trapl, E. S., Plow, M., Stevens, J., Truesdale, K. P., Pratt, C. A., Long, M. & Nevar, A. (2019). Two family interventions to reduce BMI in low-income urban youth: A randomized trial. *Pediatrics*, 143(6). https://doi.org/10.1542/peds.2018-2185

Oliver, K., Innvar, S., Lorenc, T., Woodman, J., & Thomas, J. (2014). A systematic review of barriers to and facilitators of the use of evidence by policymakers. BMC Health Services Research, 14. https://doi.org/10.1186/1472-6963-14-2

Oliver, K. L., & Kirk, D. (2015). Girls, Gender and Physical Education. Routledge.

Olson, R. D., Piercy, K. L., Troiano, R. P., Fulton, J. E., Pfohl, S. Y., Vaux-Bjerke, A., Quam, J. B., George, S. M., Carlson, S. A., Hyde, E. T. & Olscamp, K. (2018). Physical Activity Guidelines for Americans. DC: U.S. Department of Health and Human Services.

Orton, L., Lloyd-Williams, F., Taylor-Robinson, D., O'Flaherty, M., & Capewell, S. (2011a). The use of research evidence in public health decision making processes: Systematic review. PLoS ONE, 6(7). https://doi.org/10.1371/journal.pone.0021704

Petticrew, M., Whitehead, M., Macintyre, S. J., Graham, H. & Egan, M. (2004). Evidence for public health policy on inequalities: 1: The reality according to policymakers. Journal of Epidemiology and Community Health, 58(10), 811–816. https://doi.org/10.1136/jech.2003.015289

Ramli, A., Azmi, N. A. & Sim, L. Y. (2015). The effects of health fitness program on behavioral regulation in exercise and physical activity participation among women with sedentary lifestyle. International Medical Journal, 22(4), 304–308.

Ransdell, L. B., & Wells, C. L. (1998). Physical activity in urban white, African-American, and Mexican-American women. Medicine and Science in Sports and Exercise, 30(11), 1608–1615. https://doi.org/10.1097/00005768-199811000-00009

Resnicow, K., Baranowski, T., Ahluwalia, J. S., & Braithwaite, R. L. (1999). Cultural sensitivity in public health: defined and demystified. Ethnicity & Disease, 9(1), 10–21.

Ross, S. E. T., Dowda, M., Beets, M. W. & Pate, R. R. (2013). Physical activity behavior and related characteristics of highly active eighth-grade girls. Journal of Adolescent Health, 52(6), 745–751. https://doi.org/10.1016/j.jadohealth.2012.12.003

Ruijsbroek, A., Wong, A., Kunst, A. E., Van Den Brink, C., Van Oers, H. A. M., Droomers, M. & Stronks, K. (2017). The impact of urban regeneration programmes on health and health-related behaviour: Evaluation of the Dutch District Approach 6.5 years from the start. PLoS ONE, 12(5). https://doi.org/10.1371/journal.pone.0177262

Sallis, J. F. (2019). Pathways for translating behavioral medicine research to practice and policy. Translational Behavioral Medicine, 9(6), 1248–1255. https://doi.org/10.1093/tbm/iby103

Sanz, E., Ponce de León, A. & Fraguela, R. (2017). Adolescents' Active Commutes to School and Family Functioning. Apunts. Educación Física y Deporte, 2° trimest(128), 36–47. https://doi.org/http://dx.doi.org/10.5672/apunts.2014-0983.es.(2017/2).128.02

Sinclair, I., St-Pierre, M., Elgbeili, G., Bernard, P., Vaillancourt, C., Gagnon, S. & Dancause, K. N. (2019). Psychosocial Stress, Sedentary Behavior, and Physical Activity during Pregnancy among Canadian Women: Relationships in a Diverse Cohort and a Nationwide Sample. International Journal of Environmental Research and Public Health, 16(24). https://doi.org/10.3390/ijerph16245150

Singh, G. K., Kogan, M. D., Van Dyck, P. C. & Siahpush, M. (2008). Racial/ethnic, socioeconomic, and behavioral determinants of childhood and adolescent obesity in the United States: Analyzing independent and joint associations. Annals of Epidemiology, 18(9), 682–695. https://doi.org/10.1016/j.annepidem.2008.05.001

Smith, K. E. & Weishaar, H. (2018). Networks, advocacy and evidence in public health policymaking: Insights from case studies of European Union smoke-free and English health inequalities policy debates. *Evidence and Policy, 14*(3), 403–430. https://doi.org/10.1332/174426418X15299596208647

Space Supporting Policy and Action for Active Environments [SPAcE] (2021). https://activeenvironments.eu/

Special Olympics. (s.f.). *Unified Sports.* https://www.jointherevolution.org/50-game-changers/unified-sports

Szilcz, M., Mosquera, P. A., San Sebastián, M., & Gustafsson, P. E. (2020). Income inequalities in leisure time physical inactivity in northern Sweden: A decomposition analysis. *Scandinavian Journal of Public Health, 48*(4), 442–451. https://doi.org/10.1177/1403494818812647

Tannahill, A. (2008). Beyond evidence – To ethics: A decision-making framework for health promotion, public health and health improvement. *Health Promotion International, 23*(4), 380–390. https://doi.org/10.1093/heapro/dan032

Thind, H., Goldsby, T. U., Dulin-Keita, A. & Baskin, M. L. (2015). Cultural beliefs and physical activity among African-American adolescents. *American Journal of Health Behavior, 39*(2), 285–294. https://doi.org/10.5993/AJHB.39.2.15

Thomson, R., Murtagh, M. & Khaw, F.M. (2005). Tensions in public health policy: Patient engagement, evidence-based public health and health inequalities. *Quality and Safety in Health Care, 14*(6), 398–400. https://doi.org/10.1136/qshc.2005.014175

Timmermans, E. J., Reinhard, E., Ruijsbroek, A., Huisman, M. & Avendano, M. (2020). Regeneration of deprived neighbourhoods and indicators of functioning in older adults: A quasi-experimental evaluation of the Dutch District Approach. *Health & Place, 64,* 102359. https://doi.org/https://doi.org/10.1016/j.healthplace.2020.102359

Tonucci, F. (2016). Ser padres e hijos en un período difícil. *Aula de Infantil, 87,* 27–31.

Unified Sports. (2021). *Unified Sports.* https://www.specialolympics.org/what-we-do/sports/unified-sports

Van Cauwenberg, J., De Clercq, B., Deforche, B., Cardon, G. & Chastin, S. F. M. (2019). Accuracy and inequalities in physical activity research. *The Lancet Global Health, 7*(2), e183–e184. https://doi.org/10.1016/S2214-109X(18)30514-X

Verjans-Janssen, S. R. B., Gerards, S. M. P. L., Kremers, S. P. J., Vos, S. B., Jansen, M. W. J. & Van Kann, D. H. H. (2020). Effects of the KEIGAAF intervention on the BMI z-score and energy balance-related behaviors of primary school-aged children. *International Journal of Behavioral Nutrition and Physical Activity, 17*(1). https://doi.org/10.1186/s12966-020-01012-8

Vert, C., Nieuwenhuijsen, M., Gascon, M., Grellier, J., Fleming, L. E., White, M. P. & Rojas-Rueda, D. (2019). Health Benefits of Physical Activity Related to an Urban Riverside Regeneration. *International Journal of Environmental Research and Public Health, 16*(3). https://doi.org/10.3390/ijerph16030462

Whitehead, M., Petticrew, M., Graham, H., Macintyre, S. J., Bambra, C., & Egan, M. (2004). Evidence for public health policy on inequalities: 2: Assembling the evidence jigsaw. *Journal of Epidemiology and Community Health, 58*(10), 817–821. https://doi.org/10.1136/jech.2003.015297

Wijtzes, A. I., Jansen, W., Bouthoorn, S. H., Pot, N., Hofman, A., Jaddoe, V. W. V. & Raat, H. (2014). Social inequalities in young children's sports participation and outdoor play. *International Journal of Behavioral Nutrition and Physical Activity, 11.* https://doi.org/10.1186/s12 966-014-0155-3

Wright, A., Roberts, R., Bowman, G. & Crettenden, A. (2019). Barriers and facilitators to physical activity participation for children with physical disability: comparing and contrasting the views of children, young people, and their clinicians. *Disability and Rehabilitation, 41*(13), 1499–1507. https://doi.org/10.1080/09638288.2018.1432702

OCIO Y OCUPACIÓN DEL TIEMPO LIBRE EN PRISIÓN. LOS INSTRUMENTOS SOCIOEDUCATIVOS PARA LA INCLUSIÓN SOCIAL

Diego Galán-Casado[1]

Mar García-Vita[2]

Fanny T. Añaños[3]

Jorge Díaz-Esterri[1]

[1]*Universidad Nacional de Educación a Distancia*

[2]*Universidad de Almería*

[3]*Universidad de Granada*

1. El ocio y el tiempo libre como herramienta de inclusión social. Conceptualización y sentido en los entornos privados de libertad

El tiempo y su gestión debe ser entendido como un proceso trascendente que permite al individuo ser partícipe de una gran variedad de experiencias que influyen en su evolución personal (De-Juanas et al., 2020). Dentro de este proceso, una parte importante del tiempo se destina a la cobertura de necesidades y al cumplimiento de obligaciones que permiten alcanzar logros socialmente establecidos y, a su vez, busca la adquisición de un conjunto de capacidades, destrezas y actitudes que posibilitan asentar las bases sobre las cuales se sustenta la vida adulta (Eccles y Gootman 2002). En esta cotidianidad sobre la que cristaliza la identidad individual y social, surge la necesidad de un tiempo para realizar actividades fuera de las obligaciones personales, un tiempo que queda tras haber satisfecho todas estas necesidades y obligaciones, un *tiempo libre*. Son múltiples las perspectivas y características que pueden ser atribuidas al concepto de tiempo libre, que se convierte en un instrumento de aculturación, ya que a través de él se producen y reproducen actividades y valores con la transmisión de actitudes y creencias (Kono et al., 2020).

Cuando hablamos de tiempo libre no debemos de confundirlo con el término ocio, ambos conceptos suelen ser asociados, como si de sinónimos se tratasen, sin embargo, se debe tener en cuenta que, aun existiendo una estrecha relación entre estos, se trata de concepciones diferentes ya que el tiempo libre aparece como el continente, mientras que el ocio se manifiesta como su contenido. Por lo que el ocio durante el tiempo libre implica la forma en la que este se ocupa, asociándose a la realización de actividades que reportan una satisfacción personal, y que se realizan de forma libre y voluntaria (Roult et al., 2016).

Desde la visión Aristotélica que suponía el ocio como el tiempo de descanso relacionado con las élites de la Antigua Grecia (Cuenca, 2014a) y el enfoque de inicios del siglo pasado, que lo consideraba un aspecto poco significativo en la vida de las personas, concibiéndolo como un mero tiempo de descanso que se sucede al tiempo de trabajo (Cuenca, 2009); se presenta, en el siglo XXI, en los países con mayor nivel de bienestar, como un valor en sí mismo que tiene cada vez más significado en la vida de las personas (Vasco-González et al., 2020). Es por ello que en las últimas décadas diversos autores han coincidido en señalar la importancia del ocio como un eje fundamental en el desarrollo humano (Beniwal, 2018; Fraguela-Vale et al., 2020; Rodríguez et al., 2018), siendo un elemento esencial en la inclusión y el desarrollo social (Valdemoros, et al., 2016; Martin, 2018). Además, el ocio contribuye en aspectos físicos, cognitivos, emocionales y conductuales tanto en el plano individual como en el social (Díaz-Esterri et al., 2021) desarrollando la identidad, la autonomía, el sentimiento de logro o el compromiso social.

El hecho de que el ocio de las personas esté relacionado con su experiencia, ofreciendo distintas oportunidades para mejorar los procesos de socialización (Cuenca, 2014b), invita a reflexionar sobre los tiempos de ocio de aquellas que se encuentra en situación de dificultad social como es el caso de las personas que cumplen una medida judicial en un centro penitenciario, instituciones que engloban la totalidad de la vida de las personas que las habitan. La particularidad del contexto penitenciario supone en sí una referencia importante para la comprensión de los procesos que se producen en prisión (García-Vita y Melendro, 2013) al ser un espacio que moldea las actividades y rutinas que se desarrollan en su interior (Clemente, 1997). Los sistemas penitenciarios son parte de las llamadas instituciones totales (Goffman, 1972), en las cuales se da el control de los sujetos, lo cual favorece la deconstrucción de su yo, sus roles y capacidades personales (García-Vita y Melendro, 2013).

Existen una serie de características generales del medio penitenciario que han sido puestas de manifiesto por diversos trabajos y experiencias en el medio (García-Vita, en prensa) y que permean la vida penitenciaria en todas sus dimensiones:

- El propósito rehabilitador y reeducador de la condena a prisión (amparado por la Constitución Española y la normativa específica del medio) choca con el imaginario que se tiene de la prisión desde la sociedad y su propio desarrollo que conlleva que se desvirtúe la pena impregnándose de un carácter punitivo.
- En el sistema penitenciario se da una tensión entre dos perspectivas de abordaje del proceso rehabilitador. Por un lado, está el concepto de tratamiento penitenciario cuyo concepto persigue un fin meramente reeducativo y reinsertivo y, por otro, la vertiente más clínica y medicalizada de la intervención con los reclusos y las reclusas. La coexistencia entre ambas perspectivas de intervención y profesionales no siempre es equilibrada y pertinente para asegurar la reinserción y la no reincidencia luego de la puesta en libertad.
- La prisión, inevitablemente, aísla familiar, social y laboralmente, a la vez que obstaculiza el ejercicio de la ciudadanía y la participación social de los internos y las internas. Todo ello, a pesar de que los derechos sobre esas dimensiones de la vida están asegurados sobre el papel, pero se hace muy difícil garantizarlos dada la privación de libertad.
- Además, es una institución que desocializa e institucionaliza a las personas ya que en ella se da una jerarquía (formal e informal entre profesionales y reclusos y entre los propios reclusos), un alto grado de burocratización de la intervención y la rutina penitenciaria, una clasificación de las personas que la habita o una falta de ella cuando los recursos no lo permiten, entre otras cuestiones.
- Indirectamente, el paso por prisión genera un proceso de estigmatización para las personas que han delinquido, que tiene un impacto mayor en éstos cuando retornan a la sociedad.

La organización, estructura y aislamiento propios de la prisión dan lugar al fenómeno de la prisionización que se ha definido como el proceso por el cual las personas internas en prisión se ven influenciadas por ésta viviendo una transformación emocional, cultural, familiar, relacional y comportamental fruto de la asimilación del entorno penitenciario (Clemmer, 1958; Travis y Waul, 2000; Echeverri, 2010; García-Vita et al., 2019). La prisión afecta a la autonomía de las personas, reproduce la limitación de oportunidades a grupos tradicionalmente excluidos, a la vez que favorece el proceso de asimilación de la cultura y los valores propios de este contexto. Este fenómeno trae consecuencias para el sujeto que afecta a sus dimensiones, entre las que se encuentra el disfrute del ocio y tiempo libre.

En este contexto, caracterizado por la profunda regularización de la vida intramuros (García-Vita, 2021), la cuestión del ocio y tiempo libre en prisión es tratado de manera escueta en la reglamentación, literatura especializada e investigación sobre el medio, quedando expuesto como un derecho –dentro de ser un sistema de control social– aunque en ocasiones algunos consideren que en la práctica pueda parecer un privilegio (Marcoux, 2020).

Los tiempos en prisión tienen sus particularidades. Como decíamos anteriormente la cotidianidad se encuentra altamente regulada, el uso del tiempo es controlado y pautado (Neuman, 2004) en función de los objetivos de la pena y de la organización de la institución (Fornons, 2008). Dentro de ello, existe un tiempo que se destina a actividades pautadas y otro definido como tiempo libre, aunque bien es cierto que éste último suele emplearse en el desarrollo de actividades de ocio ofertadas por la institución (Pérez, 2001), lo cual incide en invisibilizar lo individual (Neuman, 2004; Marcoux, 2020) a la par que posibilita la función rehabilitadora de la prisión (Pozuelo, 2021), íntimamente relacionada con su labor reeducativa y reinsertadora, un principio que constituye la máxima del tratamiento penitenciario. Éste persigue que el interno sea capaz de vivir en sociedad a la vez que se atienden sus necesidades individuales y específicas, generando itinerarios individualizados, planificados, flexibles y dinámicos (García-López, 2019) que reducen los factores de riesgo personales y sociales (Negredo y Pérez, 2019).

El abordaje de este trabajo lo realizamos desde los parámetros de la pedagogía y la educación social entendiendo que las posibilidades reeducativas dado las cuantiosas oportunidades que brinda el espacio y el tiempo en prisión también deben ser destacadas y analizadas. El encarcelamiento puede ser un punto de inflexión (Añaños et al., 2020; García-Vita, 2016), una oportunidad para el aumento de las actitudes prosociales, así como mejorar el bienestar emocional.

Por todo ello, las actividades, programas u otras acciones donde el interno pueda participar en los entornos punitivos y que configuran sus posibilidades de ocio, actúan como refugio, como momentos y espacios seguros que alejan al recluso de otras dinámicas derivadas de la desocupación y las complejas relaciones de poder dominantes en prisión. Eso sí, esta labor es especialmente pertinente desarrollarla desde una perspectiva que fomente la autonomía y el bienestar para resignificar los procesos educativos y su valor.

2. Ocio y tiempo libre a partir de la educación social penitenciaria. Especial atención a los espacios socioeducativos y las actividades deportivas

Desde la perspectiva educativa y de la pedagogía social, atendiendo a uno de sus principales campos de acción, la educación social penitenciaria, el proceso de reinserción social está basado en la acción socioeducativa a través de la aplicación de programas y acciones (individuales o colectivas) destinados a la reeducación, reinserción y reincorporación a la vida diaria.

Así, el medio penitenciario, además de la cuestión punitiva, es concebido como un espacio en el que la educación y la cultura son fundamentales en la preparación para la libertad de los internos, a través de la realización de actividades y aprendizajes que fomenten sus capacidades, actitudes, relaciones sociales y laborales (Añaños et al., 2013; SGIP, 2021), como ya hemos mencionado, y que se denomina tratamiento penitenciario, en los que la ocupación del tiempo y los espacios de ocio están presentes.

En consecuencia, la acción o intervención tratamental con enfoques socioeducativos debe plantearse a partir de la profundización del análisis de la realidad o estudio específico basado en la evidencia en la persona o grupos a intervenir (Pantoja y Añaños, 2010). Así, la intervención socioeducativa consistirá, entre otras, según Añaños (en prensa), en la promoción de cambios en las distintas esferas (educativa, social, formativa, cultural, emocional, etc.), aplicando para ello principios, métodos, conocimientos, actitudes, habilidades, valores, etc. tendentes a mejorar la calidad de vida y la promoción de las personas y grupos. En este propósito es fundamental la asunción de la realidad individual y social, a partir de la concienciación, así como el aumentar la motivación para el cambio y, el desarrollar estrategias que le permitan afrontar de forma consciente y real su vida y la relación con la sociedad.

Por lo tanto, la acción socioeducativa, con una clara orientación dirigida al fomento del ocio y el tiempo libre, tiene un papel de suma importancia en el desarrollo de funciones preventivas comunitarias, así como generando nuevas propuestas mediante elementos y acciones de socialización, prevención de la violencia y prevención de la reincidencia (Caride y Gradaille, 2013; Del Pozo y Añaños, 2013; Fernández, 2014; Martínez, 2017; Sánchez et al., 2019; Añaños et al., 2021; Moles-López y Añaños, 2021) que permitan la adquisición de conductas positivas.

Los programas de tratamiento en este contexto resultan complejos de analizar no solo por la diversidad de acciones orientadas a colectivos determinados o situaciones o cuestiones de interés, sino porque en cada centro se establecen los propios y, también su ejecución no está establecida de forma permanente, salvo algunos que consideran obligatorios desde la entidad penitenciaria.

Tabla 1. Participación en programas de intervención en España por sexo en el año 2019

	N.º centros	Total	Hombres	Mujeres
Programas de tratamiento:				
Violencia de género (PRIA)	53	1114	1114	0
Control de la agresión sexual (PCAS)	33	340	340	0
Población penitenciaria extranjera	5	120	98	22
Prevención de suicidios	88	2334	2099	235
Personas con discapacidad física, sensorial, psíquica o intelectual	65	810	756	54
Internos en departamentos de régimen cerrado	22	547	509	38
Intervención con jóvenes	27	1006	973	33
Terapia asistida con animales (TACA)	19	422	384	38
Resolución Dialogada de conflictos	17	1035	970	65
Programa Ser Mujer	16	192	0	192
Programa de preparación de permisos de salida	40	1374	1299	75
Tabaquismo	29	395	372	23
Programa de deshabituación al alcohol	60	1241	1169	72
Módulos de Respeto	72	17 667	15 820	1847
Unidades terapéuticas	45	2626	2506	120
Programa de Juego Patológico	14	69	-	-
Programa de Pornografía Infantil	3	12	-	-
Programa para el control de la conducta violenta (PICOVI)	11	83	70	13

Tabla 1. Continúa

	N.º centros	Total	Hombres	Mujeres
Programa DIVERSIDAD para la igualdad de trato y no discriminación	3	7	-	-
Programa en drogodependencias	-	9613	-	-
Programas socio-educativos:				
Programas de Creación Cultural	-	17 686	-	-
Programas de Difusión Cultural	-	11 918	-	-
Programas de Formación y Motivación Cultural	-	1759	-	-
Programas de Biblioteca y de Animación a la Lectura	52	1495	1338	157
Programa de Actividades Deportivas Recreativas	-	26 101	-	-
Programas Deportivos de Competición	-	4152	-	-
Actividades de Formación y Motivación Deportiva	-	5478	-	-
Educación reglada	-	16 227	14 537	1690

Fuente: Moles, Añaños y Burgos (en prensa), a partir del Informe General de la Secretaría General de Instituciones Penitenciarias (2019)

En la Tabla 1 se observa que los programas de tratamiento con mayor participación son el tratamiento de drogas, seguido de los Módulos de Respeto, y las Unidades Terapéuticas. En el caso de la población femenina cuentan con mayor participación: la educación reglada (1690), que responde en gran medida a las carencias y baja formación educativa de la población penitenciaria (Añaños, 2013); prevención de suicidios (235), reforzando la inestabilidad emocional, psicológica y baja autoestima que caracteriza el perfil femenino delictivo (Loinaz, 2016); y programa Ser mujer.es (192), un espacio de tratamiento y empoderamiento ante situaciones de vulnerabilidad, exclusión, baja autoestima y violencia de género (Añaños, 2017; Burgos et al., 2021).

En cuanto a la participación en los programas socioculturales, resultan más seguidas de forma general, las Actividades Deportivas Recreativas (26 101), Creación Cultural (17 686) y Difusión Cultural (11 918), lo que denota las preferencias en la ocupación del tiempo en ámbitos más recreativos, culturales y deportivos, frente a los otros considerados básicos o terapéuticos.

Debido a que tanto las actividades deportivas recreativas como los programas basados en la utilización adecuada del espacio (Módulos de Respeto y Unidades Terapéuticas) son de los instrumentos donde mayor participación encontramos por parte de los internos dentro de prisión y cuyo enfoque está claramente orientado desde una perspectiva socioeducativa, nos vamos a centrar en un análisis más detallado de los mismos, destacando sus características concretas y los beneficios que generan en las personas que cumplen condena. Hemos decidido no abordar de manera más detallada el tratamiento de drogas, a pesar de ser el programa con mayor asistencia, ya que consideramos que su perspectiva y desarrollo, está mucho más cerca de planteamientos médicos y psicológicos, lo que implica un alejamiento del objetivo del presente capítulo.

2.1. Actividad deportiva en prisión

Como acabamos de mencionar, el deporte en prisión es uno de los principales instrumentos para el desarrollo del ocio y del tiempo libre, ya que además de permitir generar nuevos hábitos saludables (Moscoso et al., 2012; Martínez y Fernández, 2016; Johnson et al., 2019), es una actividad que se caracteriza por su accesibilidad, debido a que cada módulo dispone de un gimnasio (Pereda, 2016). Además, en todos los centros penitenciarios se fomentan las actividades deportivas grupales cuya capacidad relacional contribuye a la socialización del recluso, favorece la aceptación de determinadas normas, mejora la colaboración con el grupo para la consecución de una finalidad común y favorece la adaptación al centro (Castillo, 2005; 2007; Martínez y Fernández, 2016). Esta realidad también es refrendada por Meek (2014), quien establece que los deportes de equipo pueden proporcionar una red social alternativa y modelos a seguir más positivos para los internos durante el encarcelamiento.

De manera más concreta, el deporte en prisión presenta diferentes beneficios que ayudan a mejorar las condiciones dentro de prisión, lo que puede favorecer una reincorporación a la sociedad exterior con mayores posibilidades de éxito. Desde una perspectiva psicológica, permite la reducción de los niveles de estrés y ansiedad junto con la liberación de la agresividad (Ríos, 2004; Buckaloo et al., 2009). Por su parte, autores como Muriel et al. (2008) determinan que todo programa dentro de prisión debe concienciar a la persona en aspectos transversales como la higiene o la alimentación, favoreciendo una mayor conciencia de la propia salud.

Desde una perspectiva reinsertadora, investigaciones como la desarrollada por Meek y Lewis (2014a) hacen hincapié en la importancia que tiene la participación en actividades deportivas como instrumento para la preparación de la libertad. Estos mismos autores, en otro de sus estudios, resaltaron que las actividades físicas en prisión pueden ser muy significativas para promover el desistimiento delictivo (Meek y Lewis, 2014b). Por su parte, Nelson et al. (2006) destacan que estos programas o actividades, pueden ayudar a la consecución de un estilo de vida productivo, saludable y anticriminal. A su vez, autores como Moscoso-Sánchez et al. (2017), también, refieren que el deporte actúa como potencial para generar actitudes y comportamiento positivos que ayudan a la reintegración. Además, el deporte en prisión tiene un efecto significativo en la consecución de un estilo de vida más normalizado para los internos dentro de prisión, haciéndoles la vida más llevadera y menos conflictiva, lo que puede influir en su trayectoria posterior tras el cumplimiento de la sanción legal (Zubiaur-González, 2017).

Por último, no debemos obviar el impacto que tiene el deporte en determinados colectivos presentes en nuestras penitenciarías. Por ejemplo, el deporte puede ser un instrumento de recuperación en personas que han padecido o padecen algún tipo de adicción, donde se destaca su capacidad rehabilitadora (Ley y Rato, 2009; Biondi, 2007; Wang et al., 2014; Manthou et al., 2016). También podemos resaltar los efectos positivos en la recuperación de personas que padecen una patología mental, donde la ocupación es fundamental en su proceso rehabilitador (Mullor et al., 2017; Stubbs et al., 2017; Vancampfort et al., 2017; Mullor et al., 2019).

2.2. Espacios en prisión: Las Unidades Terapéuticas y Los Módulos de Respeto

El contexto penitenciario, como establecen García-Vita y Melendro (2013), tiene la capacidad de moldear e integrar las actividades, lo que nos lleva a entender el espacio dentro de prisión como un elemento fundamental para conseguir que cada una de las acciones desarrolladas puedan tener un enfoque socioeducativo y rehabilitador. No debemos obviar que la institución penitenciaria debido a su funcionamiento genera en la persona un cambio en su comportamiento, lo que en muchas ocasiones se traduce en la creación de una identidad específica (García y Lorente, 2016). Por todo ello, una correcta organización y estructuración del espacio, puede favorecer no solo una mejor gestión del ocio y el tiempo libre dentro de prisión, sino además, la creación de unas condiciones que apacigüen, como establece Larrard (2011), la excesiva normatividad existente. En este sentido, han aparecido diferentes programas cuyo espacio y funcionamiento ayudan a que el tiempo dentro de prisión se convierta en un aliado del interno (Monteserin y Galán, 2013), hablamos concretamente de las Unidades Terapéuticas y los Módulos de Respeto.

Las Unidades Terapéuticas, más conocidas como UTE, tienen su origen en el año 1992, cuando en la antigua prisión provincial de Oviedo, se comienza a trabajar con un reducido grupo de internos jóvenes drogodependientes. Este proceso continuará hasta que en 1998 y tras lo conocido como espacio libre de drogas que se desarrolló en el módulo 2 de la prisión de Villabona, se amplía la intervención al módulo 1 pasando a denominarse ambos módulos Unidad Terapéutica y Educativa (UTE Villabona, 2005).

Su organización se caracteriza, entre muchos otros elementos, por la presencia de comisiones de trabajo como medio de participación y asambleas como elemento de corresponsabilidad. Además, la escuela representa uno de sus principales pilares, convirtiéndolo en un medio estimulante y atractivo para el interno. A su vez, las actividades ocupacionales se conciben como una parte fundamental en la formación integral del recluso, que son complementadas con las actividades culturales, deportivas y de ocio y tiempo libre (UTE Villabona, 2005).

Por todo ello, la UTE pretende ser un entorno que permita a la persona privada de libertad, interiorizar hábitos y habilidades sociales, iniciar o reiniciar estudios inacabados o realizar otro tipo de formación que favorezca el desarrollo de competencias (Rodríguez-Díaz et al., 2013). Además, se ofrecen unas condiciones idóneas para lograr un ocio terapéutico a partir de la participación activa (Morata y Garrido, 2012).

Por otra parte, encontramos otro programa donde el contexto también es un elemento fundamental para favorecer la implicación del recluso dentro de prisión, los Módulos de Respeto. Esta iniciativa pretende ser un sistema de organización de la vida en prisión útil, realista y generalizable para la consecución de los objetivos terapéuticos, formativos, educativos y de convivencia que pretende conseguir la institución penitenciaria (Belinchón, 2011). Su inicio lo encontramos en el Centro Penitenciario de León en el año 2001 y actualmente está implantado en 69 centros penitenciarios y 3 unidades de madres según el último informe de la SGIP publicado en el año 2019. Su organización y funcionamiento se caracteriza por la presencia de comisiones, asambleas y actividades constantes (Belinchón y García, 2014) que favorecen la ocupación del interno y la implicación en su propio proceso rehabilitador. Además, la asunción de responsabilidades, la colaboración y la implicación de todos los agentes que forman parte del módulo (Galán Casado y Gil Cantero, 2018; Fernández Millán y Pérez-García, 2018) son elementos característicos del programa que, además, están en consonancia con investigaciones que evidencian el papel que tiene la correcta utilización del tiempo libre en prisión para el bienestar personal (Caldwell, 2015; Wiese et al., 2018; Moran et al., 2020).

3. Retos y desafíos del ocio y el tiempo libre en prisión para la inclusión social

Hemos podido comprobar cómo los instrumentos para el desarrollo del ocio y el tiempo libre existentes en prisión son elementos fundamentales para conseguir que la persona privada de libertad pueda preparar su salida al exterior en mejores condiciones, además de adquirir una serie de capacidades, destrezas y actitudes orientadas a la inclusión social. Por lo tanto, el ocio en sí mismo puede convertirse en un acto rehabilitador (Williams, 2001; Morata y Garrido, 2012), donde debemos tener en cuenta que muchas habilidades inherentes a la recreación y el deporte son habilidades extrapolables a la vida extramuros (Williams, 2001).

A pesar de ello, es necesario dotar a la prisión de una mayor orientación socioeducativa que permita, como establecen Caride y Gradaílle (2013), la consecución de una vía alternativa a la práctica educativa convencional, que con frecuencia es poco o nada congruente con las circunstancias cotidianas a las que debe hacer frente diariamente el interno.

Para ello, en primer lugar, debemos hablar de las limitaciones en cuanto a los roles profesionales existentes en prisión. El trabajo educativo muchas veces está invisibilizado en los equipos de tratamiento debido a que figuras profesionales como los educadores sociales y pedagogos son prácticamente inexistentes en el Sistema Penitenciario Español (Gil Cantero, 2010; Del Pozo y Añaños, 2013; Añaños et al., 2020), lo que implica un proceso educativo incompleto. El educador social en prisión puede realizar funciones de planificación, desarrollo, evaluación y coordinación de actividades, así como realizar análisis y diagnósticos de las trayectorias previas a prisión que parta de los propios sujetos y sean en profundidad, una sistematización de experiencias, un establecimiento de canales de comunicación internos y comunitarios con el exterior y un acompañamiento profesional, entre otros (García-Vita, en prensa). Más aún cuando las posibilidades educativas y las oportunidades que el tiempo en prisión brinda son cuantiosas, ya que el encarcelamiento puede ser un momento de motivación para el cambio y la generación de nuevas relaciones e intereses

(Añaños et al., 2020; García-Vita, 2016). Las actividades propias de la rutina penitenciaria como son el trabajo, las actividades educativas o socioculturales, así como las relaciones establecidas con el personal penitenciario, se relacionan positivamente con los sentimientos de autonomía y el bienestar de los internos e internas (García-Vita y Añaños, en prensa).

La carencia de dicha figura profesional y perspectiva de intervención hace que determinados internos, no tengan a su disposición una adecuada propuesta de ocio, entendida como ámbito experiencial con sus potencialidades de desarrollo (Cuenca, 2011) que vaya más allá de los instrumentos mostrados. No debemos olvidar que todavía existen muchas personas en prisión que están inactivas, que pasan los días sin realizar ningún tipo de actividad o programa dentro de prisión y que, a pesar de ser un derecho (Gil Cantero, 2010), en ocasiones tampoco tienen a su disposición alternativas adecuadas o las existentes no están correctamente diseñadas, ejecutadas y evaluadas. Esta realidad se puede comprobar, por ejemplo, con las actividades deportivas, donde estudios como el desarrollado por Martos et al., (2009) o Moscoso et al., (2017), enfatizan en la importancia de las metodologías concretas a la hora de implementar programas deportivos en prisión, lo que pone de manifiesto la necesidad de aumentar el rigor de las propuestas implementadas. En esta misma línea, Devís et al. (2010) destacan que es el educador penitenciario el que acaba siendo responsable de este tipo de actividades, sin olvidar que esta figura no implica una formación educativa.

Además, a todo ello debemos añadir la situación que se ha generado debido a la COVID-19, que ha derivado en un mayor número de restricciones a las ya existentes en los entornos penitenciarios. El Ministerio del Interior a partir de la Orden INT/227/2020 estableció debido al estado de alarma, la suspensión de las comunicaciones ordinarias o la imposibilidad de poder realizar salidas de permiso, programadas o cualquier otra salida, salvo por causas de fuerza mayor. A su vez, las restricciones también afectaron al acceso de profesionales externos, entidades del tercer sector o voluntarios encargados muchos de ellos de la realización de determinadas actividades o programas. Esta situación evidencia con mayor necesidad, la importancia de los profesionales de la educación social dentro de los establecimientos, ya que muchos internos que no formaban parte de estructuras como los Módulos de Respeto o las UTE, donde ya la propia organización favorecía el desarrollo de actividades, han visto como en estos largos meses, las posibilidades de poder mantenerse activos se han visto reducidas de manera significativa.

Por otra parte, hablar de ocio y sistema penitenciario, también implica la creación de un mayor número de espacios de participación que trascienden programas como los Módulos de Respeto o las UTE y que puedan ser implementados en módulos ordinarios. En este sentido, autoras como Barba, Morán y Cruz (2017) hacen hincapié en aspectos tan importantes como la creación de entornos estimulantes, de contextos de interacción e intercambio que capaciten a los actores involucrados en su proceso de recuperación, donde además exista una implicación activa de los agentes encargados de la reinserción.

Otro elemento fundamental que debe ser atendido desde la institución penitenciaria es la necesaria atención a la diversidad para poder ajustar las diferentes actividades y programas existentes a las necesidades de determinados colectivos. La prisión, no deja de ser un lugar heterogéneo donde conviven diferentes perfiles con características muy dispares. Si bien es cierto que ha existido un esfuerzo por ofrecer programas para atender necesidades específicas (violencia de género, empoderamiento femenino, drogodependencias, etcétera), dicho enfoque diferencial no se aplica a la totalidad de la rutina penitenciaria, y dentro de ello cabe mencionar el ocio y las actividades deportivas. Por ejemplo, muchas personas mayores, debido a sus características psicofísicas, no pueden realizar las mismas actividades deportivas que los reclusos jóvenes o, por otro lado, como establecen Varela et al. (2017), es fundamental que se valore la diversidad cultural existente en los centros para diseñar intervenciones pedagógicas que mejoren sus posibilidades de reinserción.

Asimismo, en el caso de las mujeres, muchos programas no contemplan las características y exigencias de la población femenina. Desde este prisma, es necesario el reajuste de la perspectiva de la igualdad que según Moles-López et al. (en prensa), parte de la concienciación de las necesidades femeninas y reestructuración de modelos de prisión centrados en los hombres, siendo un espacio reeducativo y socializador que atienda y reconozca a la totalidad de su población penada y que, además, permita mantener intacto el derecho a acceder a los mismos recursos y demandas.

El aprendizaje del buen uso del tiempo libre en los entornos penitenciarios (Gil Jaurena y Sánchez Melero, 2014), también debe ser un aspecto con necesidad de atención. Muchas de las personas que cumplen condena han sido jóvenes en situación de vulnerabilidad, cuyas posibilidades de gestionar y utilizar adecuadamente el tiempo se han visto limitadas debido a la presencia de situaciones o experiencias vitales caracterizadas por la ausencia de confianza, motivación y autoestima (Sánchez Queija et al., 2007; Abela y Hankin, 2008; Kamal y Bener, 2009; Savignac, 2009; Redmond, 2014; Pérez et al., 2016). Por ello, es tan importante que también en esta área, puedan tener una segunda oportunidad y de esta manera conseguir adecuarse de una forma más eficiente a la rutina y dinámica de la sociedad exterior.

A su vez, resulta necesaria una mayor y mejor coordinación de la institución penitenciaria con las entidades externas que se encargan de la atención del recluso tras la obtención de la libertad, con el objetivo de poder diseñar conjuntamente itinerarios de ocio ajustados a las necesidades individuales. Este principio es fundamental para conseguir medidas preventivas comunitarias y mecanismos de acompañamiento en el tránsito a la libertad orientados a la prevención en todas sus vertientes (reincidencia, violencia. . .).

Por último, no queremos finalizar sin resaltar una idea que ha aparecido a lo largo de todo el capítulo, pero que nos parece de vital importancia. A pesar de las mejoras que se pueden realizar para que las actividades de ocio en prisión puedan ser más efectivas, debemos entender la cárcel como un contexto totalmente diferente al existente en la sociedad en libertad, lo que también implica entender el ocio y el tiempo libre de una forma distinta y ajustada a los requerimientos de un contexto donde la vida diaria está fuertemente estructurada y burocratizada.

Además, de acuerdo con Añaños (en prensa), debemos tener en cuenta que los objetivos, los procesos y todos los elementos que conforman la intervención socioeducativa se plantean con carácter propio a cada caso, de forma gradual, etápica y evolutiva. Igualmente, la voluntariedad y libertad de la persona para iniciar, detenerse o progresar en el proceso también actúa como un obstáculo o un avance en la consecución de los objetivos pretendidos, unos objetivos que serán el elemento fundamental para la incorporación a la sociedad exterior de forma efectiva.

Referencias

Abela, J. R. Z. & Hankin, B. L. (2008). *Handbook of depression in children and Adolescents.* Guilford Press.

Añaños, F. (2013). Formación educativa previa ante las discriminaciones: las mujeres reclusas en España. *Revista de Educación, 360,* 91–118. http://dx.doi.org/10.4438/1988-592X-RE-2013-360-222

Añaños, F. (2017). *En prisión. Realidades e intervención socioeducativa y drogodependencias en mujeres.* Narcea.

Añaños, F.T. (en prensa). Hacia modelos socioeducativos y de desarrollo humano. Claves para la inserción-reinserción social penitenciaria. En F. Añaños, M.M. García-Vita y A. Amaro. (Coords.), *Justicia social, género e intervención socioeducativa.* Ediciones Pirámide.

Añaños, F, Fernández-Sánchez, M., y Llopis, J. (2013). Aproximación a los contextos en prisión: una perspectiva socioeducativa. *Pedagogía social: revista interuniversitaria, 22*, 2–16. DOI: 10.7179/psri_2013.22.02

Añaños, F. T., García-Vita, M. M., Galán-Casado, D. y Raya-Miranda, R. (2020). Dropout, Autonomy and Reintegration in Spain: A Study of the Life of Young Women on Temporary Release. *Frontiers in Psychology, 11*, 1359.

Añaños, F., Nistal, J. y Moles, E. (2021). La reincidencia penitenciaria en España: género, factores asociados y prevención. *Psychology, Society, & Education, 13* (2).

Barba, M., Morán, C y Cruz, L. (2017). *Animación sociocultural en prisión. Experiencia en el Centro Penitenciario de Monterroso.* Editorial Popular.

Belinchón, E. (2011). La Evaluación. En J. M. Cedón Silva, E. Belinchón Calleja y H. García Casado (Coords.), *Módulos de respeto. Manual de aplicación* (pp. 69–79). Ministerio del interior. Secretaria General Técnica.

Belinchón, E. y García, H. (2014). MDR: El sistema de grupos. Las comisiones y órganos de participación, la evaluación. En A. De-Juanas (Coord.), *Educación social en los centros penitenciarios* (pp. 177–207). UNED.

Beniwal, A. (2018). Youth Well-Being and Leisure Time: An International Perspective. In A. Beniwal, R. Jain and K. Spracklen (Eds.), *Global Leisure and the Struggle for a Better World* (pp. 99–114). Springer International Publishing.

Biondi, R. F. (2007). La importancia de la actividad física en el tratamiento de deshabituación a las drogas. Alcmeón. *Revista Argentina de Clínica Neuropsiquiátrica, 14*(2), 82–89.

Burgos, R., Tardón, B., Martín-Solbes, V. M. y Pozuelo, F. (2021). El enfoque de género en la intervención socioeducativa con mujeres: un estudio en el medio penitenciario Español. *Psychology, Society & Education, 13*(1), 73–83.

Caldwell, L. L. (2015). Leisure and health: why is leisure therapeutic? *British Journal of Guidance & Counselling, 33*(1), 7–26.

Caride, J. A., y Gradaílle, R. (2013). Educar en las cárceles: nuevos desafíos para la educación social en las instituciones penitenciarias. *Revista de Educación, 360*, 36–47.

Castillo, J. (2005). *Deporte y reinserción penitenciaria. Estudios sobre Ciencias del Deporte, Serie Investigación, nº 39.* Consejo Superior de Deportes, Ministerio de Educación y Ciencia.

Castillo, J. (2007). El deporte en la prisión española actual. En E. Gamero, J. Giménez, M. Díaz, P. Sáenz-López y J. Castillo (Coords.), *Violencia, Deporte y Reinserción Social, Vol. II* (pp. 178–193). Estudios sobre Ciencias del Deporte, Serie Investigaciones, n.º 48. Superior de Deportes, Ministerio de Educación y Ciencia.

Clemente, M. (1997). La organización social informal en la prisión. En M. Clemente y J. Núñez (Coords.), *Psicología Jurídica Penitenciaria II* (pp. 321–356). Fundación Universidad Empresa.

Clemmer, D. (1958). *The prison community.* Nueva York: Rinehart and Winston.

Cuenca, M. (2009). Perspectivas actuales de la pedagogía del ocio y tiempo libre. En J. C. Otero (Coord.), *La pedagogía del Ocio: Nuevos desafíos* (pp. 9–23). Colección Perspectiva Pedagógica 4. AXAC.

Cuenca, M. (2011). El ocio como ámbito de Educación Social. Educación social: Revista de Intervención Socioeducativa, 47, 25–40.

Cuenca, M. (2014a). *Ocio Valioso. Documentos de Estudios de Ocio, 52.* Universidad de Deusto.

Cuenca, M. (2014b). Aproximación al ocio valioso. *Revista Brasileira de Estudos do Lazer. Belo Horizonte, 1* (1), 21–41.

De-Juanas, Á., García-Castilla, F. J., Galán-Casado, D. & Díaz-Esterri, J. (2020). Time management of young people in social difficulties: proposals for improvement in their life trajectories. *International Journal of Environmental Research and Public Health, 17*(23), 9070. https://doi.org/10.3390/ijerph17239070.

Del Pozo, F. y Añaños, F. T. (2013). La Educación Social Penitenciaria: ¿De dónde venimos y hacia dónde vamos? *Revista complutense de Educación,* 24(1), 47.

Devís, J., Martos García, D. y Sparkes, A.C. (2010). Socialización y proceso de construcción de la identidad profesional del educador físico de una prisión. *Revista de Psicología del Deporte,* 19(1), 73–88.

Díaz-Esterri, J., De-Juanas, Á., Goig-Martínez, R. y García-Castilla, F.J. (2021). Inclusive Leisure as a Resource for Socio-Educational Intervention during the COVID-19 Pandemic with Care Leavers. *Sustainability 13,* 8851. https://doi.org/10.3390/su13168851.

Eccles, J. & Gootman, J. A. (2002). *Community development programs to promote youth development.* National Academy Press.

Echeverri, A. (2010). La prisionización, sus efectos psicológicos y su evaluación. *Revista Pensamiento Psicológico, 11,* 157–166.

Fernández, D. (2014). *Individualización científica y tratamiento en prisión.* Ministerio del Interior. http://cort.as/-8ivF

Fernández Millán, F., y Pérez-García, P. (2018). La opinión de los profesionales de los centros penitenciarios de Andalucía sobre los módulos de respeto. *Pedagogía Social. Revista Interuniversitaria, 31,* 169–182.

Fornons, D. (2008). La práctica deportiva en la prisión: rehabilitación o evasión. En L. Cantarero, F. Xavier Medina y R. Sánchez (Coords.), *Actualidad en el deporte: investigación y aplicación* (pp. 215–227). Ankulegi Antropologia Elkartea.

Fraguela-Vale, R., Varela-Garrote, L. y Varela-Crespo, L. (2020). Perfiles de ocio deportivo en jóvenes españoles (15–20 años): un análisis de género. *Retos, 37*(37), 419–426. https://doi.org/10.47197/retos.v37i37.72055.

Galán Casado, D. y Gil Cantero, F. (2018). Posibilidades educativas en los módulos de respeto. Análisis de un caso. *Revista Complutense de Educación, 29*(2), 475–489.

García, E. y Lorente, R. (2016). Del contexto carcelario a la realidad social: líneas de actuación en nuevos espacios de resocialización. *Educació Social. Revista d'Intervenció Socioeducativa, 64,* 29–43.

García-López, V. (2019). Programas específicos de tratamiento en las prisiones españolas, control de la agresión sexual, atención integral a enfermas mentales y unidades terapéuticas y educativas. *Revista de Estudios Socioeducativos, 7,* 184–200.

García-Vita, M.M. y Melendro, M. (2013). El ambiente en prisión: la atención recibida por las reclusas y las relaciones intramuros. *Pedagogía Social. Revista Interuniversitaria, 22,* 43–56.

García-Vita (2016). *Redes de apoyo y entornos sociofamiliares en mujeres reclusas: análisis de las relaciones con las drogas, el acompañamiento en prisión y los procesos hacia la reinserción social* [Tesis doctoral, Universidad de Granada].

García-Vita, M. M.; Añaños-Bedriñana, F. T. y Galán-Casado, D. (2019). Prisionización en mujeres en semilibertad: relaciones interpersonales y acción socioeducativa. En J. Longás y J. Vilar (Coords.), *La Pedagogía Social en un entorno VICA: ¿Viejos problemas, nuevas perspectivas?* (pp. 195–198). Ediciones Blanquerna.

García-Vita, M. M. (2021). El tránsito de las mujeres por el sistema penitenciario: un análisis de género y socioeducativo. En M.M. García Vita, A. Amaro Aguado., R. Brugos Jiménez y E. Moles López (Coords.), *Acción social y educativa para la inclusión y reinserción desde el contexto penitenciario* (pp. 33–34). Forum Internacional.

García-Vita, M. M. (en prensa). Educación Social Penitenciaria con enfoque de género: un estudio con mujeres en semilibertad. En VV. AA. *Construyendo igualdad: visibilizando experiencias.* Octaedro.

García-Vita, M. M. y Añaños, F. T. (en prensa). Mujeres reclusas y violencia de género: análisis socioeducativo de la intervención penitenciaria. En K. Añaños (Coord.), *Desarrollo humano y protección de los derechos humanos en poblaciones vulnerables.* Dykinson.

Gil Cantero, F. (2010). La acción pedagógica en las prisiones. Posibilidades y límites. *Revista Española de Pedagogía,* 68(245), 49–64.

Gil Jaurena, I., y Sánchez Melero, H. (2014). Educación del ocio y tiempo libre en el medio penitenciario. En A. de Juanas (Coord.), *Educación social en los centros penitenciarios* (pp. 93–113). UNED.

Goffman, E. (1972). *Internados.* Buenos Aires: Amorrortu.

Johnson, C., Chaput, J. P., Diasparra, M., Richard, C. & Dubois, L. (2019). Influence of physical activity, screen time and sleep on inmates' body weight during incarceration in Canadian federal penitentiaries: a retrospective cohort study. *Canadian journal of public health = Revue canadienne de sante publique,* 110(2), 198–209.

Kamal, M. & Bener, A. (2009). Factors contributing to school failure among school children in very fast developing Arabian Society. *Oman Medical Journal,* 24, 212–217.: 10.5001%2Fomj.2009.42.

Kono S., Beniwal A., Baweja P. & Spracklen K. (2020) Introduction to Positive Sociology of Leisure. In S. Kono, A. Beniwal, P. Baweja and K. Sprackle (Eds.), *Positive Sociology of Leisure. Leisure Studies in a Global Era* (pp. 1–11). Palgrave Macmillan

Larrad, N. (2011). Tras barrotes y cerrojos se encuentran personas. *Crítica,* 973, 78–79.

Ley, C. y Rato, M. (2009). Utilización del deporte en la rehabilitación y reintegración de drogodependientes. En J. A., Moreno Murcia y D. González Cutre-Coll (Coords.), *Deporte, intervención e transformación social* (pp.335–366). Shape.

Loinaz, I. (2016). Cuando "el" delincuente es "ella": Intervención con mujeres violentas. *Anuario de Psicología Jurídica,* 26(1), 41–50. https://doi.org/10.1016/j.apj.2016.04.006

Manthou, E., Georgakouli, K., Fatouros, I. G., Gianoulakis, C., Theodorakis, Y., y Jamurtas, A. Z. (2016). Role of exercise in the treatment of alcohol use disorders. *Biomedical Report,* 4(5), 535–545. https://doi.org/10.3892/br.2016.626.

Marcoux, A. (2020). Rethinking incarcerated Women's leisure as normative prison missions. *Frontiers in Sport and Active Linving,* 2, 588775.

Martin, J. (2018). Social support and leisure time physical activity in young black women. *College Student Journal,* 52(1), 139–149.

Martínez, M., y Fernández, A. (2016). La actividad físico-deportiva, sus beneficios en centros penitenciarios. Una aplicación en el Centro Penitenciario de Burgos. *Papeles Salmantinos de Educación, 20,* 133–157.

Martínez, M. (2017). *Le théâtre appliqué: enjeux épistémologiques et études de cas.* Lansman Editeur.

Martos, D., Decís, J. y Sparkes, A. C. (2009). Deporte entre rejas. ¿Algo más que control social? *Revista Internacional de Sociología, 67*(2), 391–412. https://doi.org/10.3989/RIS.2007.07.26

Meek, R. (2014). *Sport in prison: exploring the role of physical activity in correctional settings.* Routledge.

Meek, R., y Lewis, G. (2014a). The Impact of a Sports Initiative for Young Men in Prison: Staff and Participant Perspectives. *Journal of Sport and Social Issues, 38*(2), 95–123. https://doi.org/10.1177/0193723512472896.

Meek, R., y Lewis, G. (2014b) Promoting Well-Being and Desistance Through Sport and Physical Activity: The Opportunities and Barriers Experienced by Women in English Prisons. *Women & Criminal Justice, 24*(2) 151–172. https://doi.org/10.1080/08974454.2013.842516

Moles-López, E. y Añaños, F. T. (2021). Factors of Prison Recidivism in Women: A Socioeducational and Sustainable Development Analysis. *Sustainability, 13*(11), 5822. https://doi.org/10.3390/su13115822

Moles-López, E., Añaños, F. T., y Burgos, R. (en prensa). Análisis longitudinal de los programas de intervención socioeducativa dirigidos a la población reclusa femenina. En M.T Castilla y S. Fernández. *Construyendo igualdad: visibilizando experiencias.* Editorial Octaedro.

Monteserín, E., y Galán, D. (2013). El respeto en prisión. *Revista Claves de Razón Práctica, 229,* 70–79.

Morata, T., y Garrido, J. (2012). El ocio terapéutico y educativo en los centros penitenciarios Aprendizaje y Servicio en el Centre Penitenciari de Lledoners. Educación social. *Revista de Intervención Socioeducativa, 50,* 128–131.

Moscoso, D., Pérez, A., Muñoz, V., González, M. y Rodríguez-Morcillo, L. (2012). El deporte de la libertad. Deporte y reinserción social de la población penitenciaria en Andalucía. *Revista Andaluza de Ciencias Sociales, 11,* 55–69.

Moscoso, D., De Léséleuc, E., Rodríguez-Morcillo, L., González-Fernández, M., Pérez-Flores, A. y Muñoz-Sánchez, V. (2017). Expected outcomes of sport practice for inmates: A comparison of perceptions of inmates and staff. *Revista de Psicología del Deporte, 26*(1), 37–48.

Mullor, D., Gallego, J., Cangas, A. J., Aguilar-Parra, J. M., Valenzuela, L., Mateu, J. M. y López-Pardo, A. (2017) Efectividad de un programa de actividad física en personas con trastorno mental grave. *Revista Internacional de Medicina y Ciencias de la Actividad Física y el Deporte, 17*(67), 507–521.

Mullor, D., Cangas, A. J., Gallego, J., Aguilar, J. M., Rosado, A. y López, A. (2019). A longitudinal study about the impact of an inclusive sports program in people with a diagnosis of schizophrenia. *Psychosis, 11*(1), 75–84.

Muriel, A., Caso, C., Pérez, F., Fernández, F. y Pérez, J. A. (2008). *Los programas físico-deportivos en los centros penitenciarios.* Secretaría General de Instituciones Penitenciarias. Ministerio del Interior.

Negredo, L. y Pérez, M. (2019). *Intervención y tratamiento de delincuentes en prisión y medidas alternativas*. Editorial Síntesis.

Nelson, M., Specian, V. L., Campbell, N. & Demello, J. J. (2006). Effects of Moderate Physical Activity on Offenders in a Rehabilitative Program. *Journal of Correctional Education, 57*(4), 276–285.

Neuman, E. (2004). Quebrados por dentro. La prisión y su función deshumanizadora. *Renglones, 58–59*, 6–19.

Orden INT/227/2020, de 15 de marzo, en relación con las medidas que se adoptan en el ámbito de Instituciones Penitenciarias para la gestión de la situación de crisis sanitaria ocasionada por el COVID-19.

Pantoja, L. y Añaños, F. (2010). Actuaciones socioeducativas con menores vulnerables, en riesgo, relacionados con las drogas. Reflexiones críticas. *Pedagogía Social. Revista Interuniversitaria, 17*, 109–122. https://doi.org/10.7179/PSRI_2010.17.09

Pereda, A. (2016). El deporte como medio de rehabilitación y reinserción social. *REDUR, 14*, 257–294.

Pérez, G., Poza, F., y Fernández, A. (2016). Criterios para una intervención de calidad con jóvenes en dificultad social. *Revista Española de Pedagogía, 263*, 51–69.

Pérez, M. (2001). Prácticas de lectura en prisión: estudio de actitudes y comportamiento de los reclusos en el Centro Penitenciario de Badajoz. *Anales de documentación, 4*, 193–213.

Pozuelo, F. (2021). Los programas específicos de tratamiento. En Fanny Añaños, María del Mar García-Vita y Ana Amaro (Coords.), *Justicia Social, Género e Intervención Socioeducativa* (pp. 87–98). Pirámide.

Redmond, G. (2014). Child Poverty and Social Exclusion. In A. Ben-Arieh, F Casas, I. Frones and J. Korbin (Eds.), *The Handbook of Child Well-Being* (pp.1387–1426). Springer.

Ríos, M. (2004). La educación física en los establecimientos penitenciarios de Catalunya. Tàndem. *Didáctica de la Educación Física, 15*, 69–82.

Rodríguez, A. E., López, F. y González, A.L. (2018). El ocio de los jóvenes vulnerables: importancia, satisfacción y autogestión. *Pedagogía Social: Revista interuniversitaria, 31*, 81–92. https://doi.org/0.7179/PSRI_2018.31.07.

Rodríguez-Díaz, F. J., Álvarez, E. García, F., Longoria, B. y Noriega, M.I. (2013). Educar en las Cárceles: Unidad Terapéutica y Educativa de Villabona (Asturias, España). *Revista Criminalidad, 55*(2), 9–28.

Roult, R., Royer, C., Auger, D. y Adjizian, J. M. (2016). Development of adolescents' leisure interests and social involvement: perspectives and realities from youth and local stakeholders in Quebec. *Annals of leisure research, 19*(1), 47–61. https://doi.org/10.1080/11745398.2015.1031805.

Sánchez Queija, M. I., Moreno Rodríguez, M. C., Muñoz Tinoco, M. V., y Pérez Moreno, J. P. (2007). Adolescencia, grupo de iguales y consumo de sustancias. Un estudio descriptivo relacional. *Apuntes de Psicología, 25*, 305–324.

Sánchez, S., Pérez, V., Rebodello, T., y Rodríguez, R. (2019). La cultura de paz y conflictos: implicaciones socioeducativas. *Collectivus, Revista de Ciencias Sociales, 6*(1), 235–250. http://dx.doi.org/10.15648/Coll.1.2019.13

Savignac, J. (2009). *Families, youth and delinquency: The state of knowledge, and family-based juvenile delinquency programs*. National Crime Prevention Centre, Public Safety Canada.

SGIP. (2019). *Informe General 2019*. Ministerio del Interior.

SGIP. (2021). *Funciones Secretaría General de Instituciones Penitenciarias*. https://www.interior.gob.es/opencms/es/el-ministerio/funciones-y-estructura/secretaria-general-de-institucio nes-penitenciarias/

Stubbs, B., Chen, L. J., Chung, M. S. & Ku, P. W. (2017). Physical activity ameliorates the association between sedentary behavior and cardiometabolic risk among inpatients with schizophrenia: a comparison versus controls using accelerometry. *Comprehensive psychiatry, 74*, 144–150

Travis, J. y Waul, M. (2000). *Prisioners once removed: the impact of incarceration and reentry on children, families, and communities*. Urban Institute Press.

UTE Villabona. (2005). Unidad Terapéutica Centro Penitenciario Villabona. Un modelo de intervención penitenciaria. Ministerio del Interior. Secretaría General Técnica.

Valdemoros, M. A., Ponce de León, A., Gradaílle, R. (2016). Actividad física de ocio juvenil y desarrollo humano. *Revista de Psicología del Deporte, 25*(2), 45–51.

Vancampfort, D., Firth, J., Schuch, F. B., Rosenbaum, S., Mugisha, J., Hallgren, M. & Carvalho, A. F. (2017). Sedentary behavior and physical activity levels in people with schizophrenia, bipolar disorder and major depressive disorder: a global systematic review and meta-analysis. *World Psychiatry, 16*(3), 308–315.

Varela, C., Vázquez-Rodríguez, A. y Núñez, J. (2017). Gestionando la diversidad cultural en las prisiones. El caso de las mujeres. *Revista de Estudios e Investigación en Psicología y Educación*, Extr. (08), 55–58.

Vasco-González, M. Goig-Martínez, R. y García-Pérez, M. (2020). Percepción de los educadores sociales sobre el ocio digital educativo para la inclusión de los jóvenes en dificultad social. *Pedagogía Social: Revista interuniversitaria, 36*, 97–110. https://doi.org/10.7179/PSRI_2020.36.06

Wang, D., Wang, Y., Wang, Y., Li, R. & Zhou, C. (2014). Impact of Physical Exercise on Substance Use Disorders: A Meta-Analysis. *PLoS ONE 9*(10), e110728. https://doi.org/10.1371/journal.pone.0110728.

Wiese, C. W., Kuykendall, L. & Tay, L. (2018). Get active? A meta-analysis of leisure-time physical activity and subjective well-being. *The Journal of Positive Psychology, 13*(1), 57–66.

Williams, D J (2001). Fit to be fit / Special considerations for exercise programming. *Corrections Technology and Management, 5*(1), 48–50.

Zubiaur-González, M. (2017). ¿Se puede considerar el deporte como un instrumento de integración social de la población reclusa española? *Ágora para la Educación Física y el Deporte 19*(1), 1–18. https://doi.org/10.24197/aefd.1.2017.1-18.

#BACKMATTER#

Ocio para la inclusión: Inspirando el cambio desde la transferencia social del conocimiento

Este libro aborda el concepto del ocio desde un punto de vista valioso y como una herramienta inclusiva. Se trata de una obra pensada para estudiantes, investigadores y profesionales de diferentes instituciones públicas y privadas que gestionan el tiempo de las personas en dificultad social. En su conjunto, se recopilan seis capítulos escritos por investigadores de nueve universidades españolas que pertenecen a la *Red de Excelencia Ociogune* que vincula sus propuestas formativas, científicas y de transferencia de conocimiento a la investigación e innovación en educación del ocio, ciudadanía inclusiva y desarrollo humano. Los autores abordan varios temas desde diversas perspectivas y colectivos como son el ocio inclusivo en clave intergeneracional; la estrategia de promoción de la inclusión en ocio para la juventud con discapacidad; el ocio inclusivo para los jóvenes en dificultad social; la gestión del tiempo de ocio y buenas prácticas frente a la exclusión; la actividad deportiva para el ocio activo desde un enfoque comunitario e inclusivo; y, finalmente, el ocio inclusivo y la ocupación del tiempo libre en la población reclusa.

En definitiva, en esta obra, el lector encontrará claves y estrategias para la gestión y diseño de actividades de ocio valioso e inclusivo que tienen su origen en resultados de investigación de académicos que acreditan trayectorias reconocidas y consolidadas en la temática.

#BIO#

Ángel De-Juanas Oliva
Doctor en Ciencias de la Educación por la Universidad Complutense de Madrid. Profesor titular de Universidad, adscrito al Departamento de Teoría de la Educación y Pedagogía Social de la Facultad de Educación de la Universidad Nacional de Educación a Distancia (UNED, España). Codirector del Grupo de Investigación en Intervención Educativa en Contextos Sociales (Contextos-ISE).

Francisco Javier García-Castilla
Doctor en Sociología en el Programa de Exclusión y Política Social por la Universidad P. Comillas de Madrid. Es diplomado en Trabajo Social y profesor titular de Universidad, adscrito al Departamento de Trabajo Social de la Facultad de Derecho de la UNED de la Universidad Nacional de Educación a Distancia (UNED, España). Codirector del Grupo de Investigación en Intervención Educativa en Contextos Sociales (Contextos-ISE).

CONTRIBUTOR BIOS

Rosa Ana Alonso Ruiz is a Doctor of Educational Sciences, Senior Lecturer and researcher within the research group DESAFIO, in the Department of Educational Sciences at the University of La Rioja. Her research draws on quantitative and qualitative methods and includes a wide range of areas and perspectives in the fields of health, physical activity, leisure, and intergenerational relationships.
Email: rosa-ana.alonso@unirioja.es

Fanny T. Añaños Bedriñana. Phd in Pedagogy. She is Professor of the Department of Pedagogy at the University of Granada, Coordinator of the Excellence Research Group "Inequality, Human Rights and Sustainability" (DEHUSO), Director of the Research Group "In Socio-educational Action and Human Rights". Its lines are Pedagogy/Social Education and its different fields, its scientific production is extensive and it led numerous research projects, the latest being I+D+i on women in prison (Ref.EDU2009-13408 and Ref.EDU2016-79322- A). It is National Victoria Kent Award 2021, Ministry of the Interior of Spain (Res. 09/12/2021). Currently, he is IP in Spain of the European project "TransMigrArts" (H2020, Ref.101007587) on migration and socio-educational intervention.
Email: fanntab@gmail.com

Miriam Carretero García. Assistant lecturer in the Department of Specific Didactics and Methods of Research and Diagnosis in Education of the Faculty of Education Sciences, University of A Coruña (UDC). She teaches Physical Education, Bodily Expression and Curricular adaptations in Physical Education in the Primary Education Degree and the Secondary Education Teaching Master's Degree (UDC). She is a member of the EUNOIA Research Group: Well-being and Active Life in Educational Contexts and of the Ociogune Network (Leisure Research Network).
Email: miriam.carretero@udc.es

Nuria Codina. PhD in Psychology and full-time professor in the Department of Social Psychology and Quantitative Psychology at the University of Barcelona. Her lines of psychosocial research focus on time and leisure activities, leisure experiences, enjoyment and autonomy in the practice of structured and unstructured activities, procrastination and temporal orientations, and psychosocial interventions.
Email: ncodina@ub.edu

Ángel De-Juanas Oliva. Phd in Pedagogy from the Complutense University of Madrid. He has a degree in Psychopedagogy. Lecturer in the Department of Theory of Education and Social Pedagogy at the National University of Distance Education (UNED). Director of the Doctoral School of the UNED. Director of the Socio-educational Intervention Research Group and member of the Ociogune Network (Leisure Research Network). His lines of research include social pedagogy; social inclusion of people in special vulnerability; use of time in young people, leisure, well-being and social values; autonomy and transition to adult life; adolescence and risk.
Email: adejuanas@edu.uned.es

Jorge Díaz-Esterri
He is a PhD student in the Doctorate Program in Education at UNED, Graduated in Social Education from UNED and Diploma in Social Work from the University of Zaragoza. He has developed his career as a Social Educator with minors at risk of social exclusion in different foster care resources in the child protection system. Currently, he is a member of the UNED Research Group

on Socio-educational Intervention in Social Contexts and his lines of research focus on evaluating the impact of leisure activities.
Email: jordiaz@edu.uned.es

Joseba Doistua Nebreda. PhD in leisure and human potential, BA in history and MA in leisure management, specialising in cultural management. Lecturer and researcher at the Faculty of Social and Human Sciences of the University of Deusto. His areas of knowledge are leisure, culture, tourism and geography.
Email: joseba.doistua@deusto.es

Raúl Fraguela Vale. Associate professor in the Department of Specific Didactics and Methods of Research and Diagnosis in Education of the Faculty of Education Sciences, University of A Coruña (UDC). He teaches Physical Education and Active Living in the Primary Education Degree, the Specific Didactics Master's Degree and the Secondary Education Teaching Master's Degree (UDC). He coordinates the EUNOIA Research Group: Well-being and Active Life in educational contexts and is a member of the OcioGune Network (Leisure Research Network).
Email: raul.fraguela@udc.es

Diego Galán Casado. PhD in Pedagogy from the Complutense University of Madrid. He has developed his career as a Social Educator in various psychosocial rehabilitation resources with people with SMI since 2009. He is currently an Assistant Professor in the Department of Educational Theory and Social Pedagogy at UNED. His main lines of research are focused on Social Pedagogy, highlighting specific areas such as education in prison settings, healthy leisure and socio-educational intervention with people with mental illness. He has numerous scientific publications in high-impact journals and publishers and has helped in numerous research projects. She is part of the Research Group on Socio-educational Intervention in Social Contexts of the UNED.
Email: diegog@edu.uned.es

Francisco Javier García-Castilla. PhD in Sociology from the Comillas Pontifical University. Diploma in Social Work. Lecturer in the Department of Social Work at the Universidad Nacional de Educación a Distancia (UNED). Vice-Dean of Students at the Faculty of Law of the UNED. Director of the

Socio-educational Intervention Research Group and member of the Ociogune Network (Leisure Research Network). Its lines of research include social work and social services; social inclusion of people in special vulnerability; use of time in young people, leisure, welfare and social values; autonomy and transition to adult life; adolescence and risk.
Email: fjgarcia@der.uned.es

Mar García Vita. Professor and researcher at the University of Granada, in the area of Theory and History of Education, focusing on Pedagogy and Social Education. External member of the Institute of Peace and Conflicts of the University of Granada. As for research, linked to the discipline of Social Pedagogy and socio-educational action, the approaches and research topics that I consider mark my research profile are: gender and women studies, family studies, vulnerability and social exclusion, violence(s), peace education, prison environment, socio-educational rehabilitation and prevention education.
Email: marvita19@hotmail.com

Idurre Lazcano Quintana. PhD in Leisure and Human Potential. Lecturer and Researcher at the Institute of Leisure Studies of the University of Deusto (Faculty of Social and Human Sciences). Her area of knowledge focuses on youth leisure, spaces and citizen participation.
Email: ilazkano@deusto.es

Aurora Madariaga Ortuzar. PhD in Leisure and Human Potential. Director of the Chair in Leisure and Disability. Lecturer and researcher at the Institute of Leisure Studies of the University of Deusto (Faculty of Social and Human Sciences). Her area of knowledge focuses on inclusion in leisure, disability, human diversity and accessibility.
Email: aurora.madariaga@deusto.es

María Victoria Pérez de Guzmán Puya. PhD in Pedagogy. Professor of Social Pedagogy in the Department of Education and Social Psychology at the Pablo de Olavide University of Seville (Spain). Her research topics are within the field Social Pedagogy. President of the Iberoamerican Society of Social Pedagogy. Member of the Socio-Educational Action Research Group (GIAS).
Email: mvperpuy@upo.es

José V. Pestana. PhD in Psychology and full-time professor in the Department of Social Psychology and Quantitative Psychology (University of Barcelona). His scientific career is based on the interweaving of leisure activities and the development of the person (having recently incorporated the Jungian analytical perspective). Specialised in the study of theatre as a setting for psychosocial intervention.
Email: jvpestana@ub.edu

Ana Ponce de León Elizondo is a Doctor of Educational Sciences, Senior Lecturer and researcher within the research group DESAFIO, in the Department of Educational Sciences at the University of La Rioja. Her research draws on quantitative and qualitative methods and includes a wide range of areas and perspectives in the fields of health, physical activity, leisure, social education, and intergenerational relationships.
Email: ana.ponce@unirioja.es

Pilar Rodrigo Moriche is a Lecturer in Pedagogy Department in Faculty of Education of Autonomous University of Madrid (UAM). The research topics she focuses on are leisure as a human development and youth empowerment. Also, she has professional experience in early childhood education centers, youth areas, social integration organizations of people at social disadvantage, and organizations for people with intellectual disabilities.
Email: pilar.rodrigo@uam.es

Magdalena Sáenz de Jubera Ocón is a Doctor of Educational Sciences, Senior Lecturer and researcher within the research group DESAFIO, in the Department of Educational Sciences at the University of La Rioja. Her research draws on quantitative and qualitative methods and includes a wide range of areas and perspectives in the fields of health, leisure, family, and intergenerational relationships.
Email: m-magdalena.saenz-de-jubera@unirioja.es

Eva Sanz Arazuri is a Doctor of Educational Sciences, Senior Lecturer and researcher within the research group DESAFIO, in the Department of Educational Sciences at the University of La Rioja. Her research draws on quantitative and qualitative methods and includes a wide range of areas and

perspectives in the fields of health, physical activity, leisure, social education, and intergenerational relationships.
Email: eva.sanz@unirioja.es

María Ángeles Valdemoros San Emeterio is a Doctor of Educational Sciences, Senior Lecturer and researcher within the research group DESAFIO, in the Department of Educational Sciences at the University of La Rioja. Her research draws on quantitative and qualitative methods and includes a wide range of areas and perspectives in the fields of health, leisure, family, and intergenerational relationships.
Email: maria-de-los-angeles.valdemoros@unirioja.es

Rafael Valenzuela is a Social Psychologist and Doctor in Cultural Management (extraordinary doctorate award) and professor in the Department of Social Psychology and Quantitative Psychology (University of Barcelona). He investigates favourable (intrinsic motivation, flow) and unfavourable (amotivation, procrastination) aspects of involvement in leisure and learning activities, and the effects of these on well-being.
Email: rvalenzuela@ub.edu

Lara Varela Garrote. Associate professor in the Department of Specific Didactics and Methods of Research and Diagnosis in Education of the Faculty of Education Sciences, University of A Coruña (UDC). She teaches Didactics of Bodily Expression and Motor Play in the Degree in Early Childhood and Primary Education, Specific Didactics Master's Degree and the Secondary Education Teaching Master's Degree (UDC). She is a member of the EUNOIA Research Group: Well-being and Active Life in Educational Contexts and of the Ociogune Network (Leisure Research Network).
Email: lara.varela@udc.es

Critical Studies of Latinxs in the Americas is a provocative interdisciplinary series that offers a critical space for reflection and questioning what it means to be Latinxs living in the Americas in twenty-first century social, cultural, economic, and political arenas. The series looks forward to extending the dialogue to include the North and South Western hemispheric relations that are prevalent in the field of global studies.

Topics that explore and advance research and scholarship on contemporary topics and issues related with processes of racialization, economic exploitation, health, education, transnationalism, immigration, gendered and sexual identities, and disabilities that are not commonly highlighted in the current Latinx Studies literature as well as the multitude of socio, cultural, economic, and political progress among the Latinxs in the Americas are welcome.

To receive more information about CSLA, please contact:

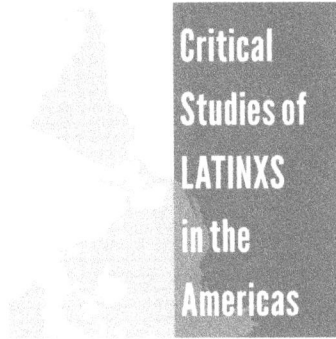

Yolanda Medina (ymedina@bmcc.cuny.edu) &
Margarita Machado-Casas (Margarita.MachadoCasas@utsa.edu)

To order other books in this series, please contact our Customer Service Department at:

peterlang@presswarehouse.com (within the U.S.)
order@peterlang.com (outside the U.S.)

Or browse online by series at:

WWW.PETERLANG.COM

www.ingramcontent.com/pod-product-compliance
Lightning Source LLC
Chambersburg PA
CBHW050607280326
41932CB00016B/2949